日语专业系列教材

日语语音学教程

第二版

编著◎刘佳琦

华东师范大学出版社
·上海·

图书在版编目(CIP)数据

日语语音学教程/刘佳琦编著.—2版.—上海:
华东师范大学出版社,2020
 ISBN 978-7-5760-0443-4

Ⅰ.①日… Ⅱ.①刘… Ⅲ.①日语-语音学-教材
Ⅳ.①H361

中国版本图书馆 CIP 数据核字(2020)第 084008 号

日语语音学教程(第二版)

编　　著　刘佳琦
责任编辑　孔　凡
装帧设计　卢晓红
出版发行　华东师范大学出版社
社　　址　上海市中山北路 3663 号　邮编 200062
网　　址　www.ecnupress.com.cn
电　　话　021-60821666　行政传真 021-62572105
客服电话　021-62865537　门市(邮购)电话 021-62869887
地　　址　上海市中山北路 3663 号华东师范大学校内先锋路口
网　　店　http://hdsdcbs.tmall.com/

印 刷 者　上海市崇明县裕安印刷厂
开　　本　787×1092　16 开
印　　张　10
字　　数　223 千字
版　　次　2021 年 8 月第一版
印　　次　2021 年 8 月第一次
书　　号　ISBN 978-7-5760-0443-4
定　　价　39.00 元

出 版 人　王　焰

(如发现本版图书有印订质量问题,请寄回本社客服中心调换或电话 021-62865537 联系)

前言(第二版)

《日语语音学教程》问世七年,受到了广大日语学习者与教师的欢迎和肯定,获得了上海市普通高校优秀教材奖等荣誉。我很欣喜该教材的出版在一定程度上解决了日语语音专业教材的短缺问题。与此同时,随着国家对外语专业人才培养要求逐步提高,教育科研技术不断革新,我也清楚地认识到了修订教材的紧迫性和必要性。这次我基于外语专业人才培养方案、教程调查问卷结果以及相关领域最新研究成果,对该教材进行了更新和调整,以期更好地顺应时代要求,为日语语音教学、习得与研究打下扎实的科学基础。

《日语语音学教程(第二版)》秉承了之前的编写方针,即"学好语音,更好沟通"。学好一门外语的发音,就是通过"听"与"说"来实现有效沟通。著名语言学家雅克布逊(R. Jakobson)曾说"We speak in order to be heard and need to be heard in order to be understood."(R. Jakobson & L. Waugh, 1979)。可见"听"与"说"可以称得上是人类社会活动的根基,也是学习外语的根本目的。

本次教材修订版的基本修订思路为:首先符合日语专业人才培养需求,为日语专业教学提供科学可行的方案;其次顺应多外语复合型人才培养要求,为日语二外教学提供自主学习方案;再次满足研究生语言学基础模块教学要求,为专业研究生提供基础教学方案。具体修订方案为:(1) 强化视觉与听觉的双模态交互教学;(2) 导入"影子跟读"教学法,促进工作记忆发展;(3) 更新并添加日语语音学本体研究成果;(4) 提高课后练习的质与量,最大化利用语音感知与发音互动机制;(5) 介绍在线网络学习资源,提高自主学习效率。本次修订不但对纸质版教材、配套录音与课件进行了相应调整,而且我还在复旦大学日文系和教师发展中心的支持下,设计研发了《日语语音学教程》在线课程,以满足各类学习者的学习需求。该课程被评为"复旦大学精品课程"。

最后,真诚感谢各位读者给予的勉励与鞭策,还要感谢复旦大学《日语语音学》课程选修者的恳切意见,复旦大学日文系胡昊中、阮琳榕同学的严谨校稿,杨小雨和崔禾同学的精美插图。本教材的修订还得到了华东师范大学出版社孔凡老师一如既往的支持。该教材之所以能顺利完成修订并出版,离不开他们的大力扶持和细致有序的工作。此外,本书的出版还得到了国家社科基金(18BYY227)、教育部人文社科基金(15YJC740045)、日本博报堂国际日本研究基金及复旦大学卓学优秀人才计划的支持。由于作者的水平有限,疏漏不妥之处恳请细心读者随时指正。

作 者

2021年7月于复旦大学

关于本书

一、本书的特色

（一）本书实现了日语语音学理论研究与实践相结合。书中不仅有对语音学基础理论、发音规则的详细介绍，并设计了相关的发音练习环节，使学习者明确日语语音学习的重点。

（二）本书导入了日语语音本体研究的最新成果。比如依据《新明解日语声调辞典》(2014)、《NHK日语发音声调新辞典》(2016)的修订成果更新了日语音系与声调规则等的描述。

（三）本书在日语语音习得研究成果的基础上，提出了针对中国人日语学习者的教学方案、学习方法。比如清浊塞音的听辨和发音问题、复合词的声调过度起伏问题等，并提出了有效的建议和练习方法。

（四）本书采用了与国际接轨的新型教学方法，使发音教学走出枯燥乏味的传统模式。课堂教学手段更加科学和高效，提高学习者的学习兴趣与自主学习能力。

1. 利用肢体运动来练习发音(清浊塞音、促音、长音、声调)
2. 基于工作记忆模型的"影子跟读"实践(句中语调、句末语调)
3. 运用视听双模态互动机制的发音可视化实践(元音弱化、特殊拍、声调、语调)
4. 分组互相学习评价(peer instruction)(课后练习)
5. 利用语音认知中的感知与生成的互相促进机制(【听一听】、【想一想】、课后练习)
6. 介绍在线学习资源来引导自主学习(【专栏】、课后练习)

二、本书的定位

（一）本书适合高等院校日语专业学生使用。本书的编排以及内容设置适合用于日语专业本专科生和研究生的语音与语音学基础模块学习。

（二）本书适合具有中高级日语水平的读者阅读。读者对象需经过一年以上的日语学习，对词汇和语法、句型有一定的积累，基本达到日语能力测试N2水平。

（三）本书同时适合于对日语语音学研究有兴趣的学习者和研究者。书中阐述的语音学理论以及日语音系规则有助于读者建立良好的语音学研究基础。

三、本书的构成

本书配有录音和教学课件。下面对教科书、配套录音、教学课件进行说明。

（一）本教科书一共分为6章，分别是：

第1章　日语的音（介绍元音、辅音特征。特别介绍和练习一些学习困难的音）

第2章　日语的节奏（介绍节拍特征。特别介绍和练习促音等特殊拍）

第3章　日语口语的语音特征（介绍口语的语音变化，并通过口语会话练习发音）

第4章　日语的声调（介绍声调的基本概念及名词、形容词、动词的声调，并练习发音）

第5章　日语外来语的语音特征（介绍外来语的元音、节拍、声调的特征，并练习发音）

第6章　日语的语调（介绍句中、句末语调，强调与停顿，并练习发音）

（二）配套"ECNUP外语"APP，录音的内容贯穿整本书，包括课文中的例词、例句、练习、专栏、趣味游戏。有录音处均标有类似于（录音－2－08）的标记。配套录音的语音提供者曾从事日本的电视台演播工作，日语普通话标准，可以作为广大学习者和教学者的模仿学习对象。

（三）本书的配套课件的内容适合教师在课堂上与教材一起使用，以方便教学。自学者也可以通过课件中的语音播放系统，直接听配套录音中的录音内容，以方便学习。

四、章节的构成

每章的基本构成为【学习目标】【课文】【练习】【专栏】【趣味游戏】。

【学习目标】　概括本章的学习要求和目标。

【课文】　介绍本章节课文的内容重点，并举例详细说明。

【练习】　针对本章节的内容重点，设计形式丰富的练习。

【专栏】　介绍本章节课文内容的延伸信息及科学的发音学习方法。

【趣味游戏】　针对本章课文内容，进行适合课堂教学的游戏。

五、书中的符号

为了方便学习，本书中使用了一些符号。在此对其进行归纳说明。

1. ⬯ 和 ⬯：出现在第2章（日语的节奏），表示节拍长短。

2. ˥：出现在第4章（日语的声调），表示声调，是国际音标声调符号。

3. ⌒：出现在第6章（日语的语调），表示句中语调高低。

4. ● 和 ●●：出现在第6章，表示句中停顿时间长短。

5. ↗、↘ 和 →：出现在第6章，表示句末语调升降。

使用说明

一、致教学者

为了顺利圆满地完成语音学课程的教学任务,帮助学习者更好地掌握日语发音,作者对使用本书时的课堂教学提出以下七点建议。

1. 由于每章节内容量不同,教师可按照实际课程时间和内容来安排课程进度。按照每周一次课堂教学来计算,上完整个课程大致需要半年时间。

2. 本书教学内容由浅至深,单音—节奏—声调—语调,因此建议按照本书的编排顺序进行授课。但也可根据学生的能力水平和实际语音问题,挑选章节单独教学。

3. 本书中设置了许多互动环节。比如课文中的【想一想】是作为进入正课前的热身活动。

4. 本书【练习】中明示了可行的练习方法,特别是成对成组练习,可以有效调动课堂互动气氛,提醒学生关注并纠正自己和同伴的发音,形成互帮互学的良好课堂环境。

5. 本书【专栏】提供了延伸拓展信息,介绍了最新动态及科学有效的学习方法,比如日语声调的新符号、用"影子跟读"练习发音、用OJAD查询句中声调等。

6. 建议教师使用配套的教学课件,一方面可以减轻备课负担,一方面可以利用语音播放系统,以便即时进行语音听辨或发音练习。

7. 本书中特别提到语音的可视化,并在附录1中详细叙述了语音分析软件Praat的操作方法、附录2中介绍了语音可视化实例。建议教学者进行课堂演示,并要求学习者实际操作。通过视觉比较语音信息,提高学生的学习兴趣和自主学习能力。

二、致学习者

为了提高学习者的语音学习效果,帮助学习者更好地掌握日语发音,作者对学习者在使用本书时提出以下七点建议。

1. 由于每章节内容量不同,学习者可按照实际内容来安排学习进度。按照每周学习一次来计算,学完整本书大致需要半年的时间。

2. 本书内容由浅至深,单音—节奏—声调—语调,因此建议按照本书的编排顺序进行学习。

但也可根据学习者的日语能力水平和实际发音问题,挑选章节单独学习。

3. 建议学习者利用配套课件的语音播放系统,以便即时进行语音听辨或发音练习。

4. 配套录音中收录了课文中的例词、例句以及练习内容。学习者利用配套 APP,可随时练习听力和发音,巩固学习成果。

5. 本书【专栏】提供了延伸拓展信息,介绍了最新动态及科学有效的学习方法,建议学习者运用【专栏】信息(比如 OJAD 在线声调辞典)进行自主学习。

6. 本书中特别提到语音的可视化,并在附录 1 中详细叙述了语音分析软件 Praat 的操作方法、附录 2 中介绍了语音可视化实例。建议学习者根据介绍实际操作,通过视觉比较语音信息、提高学习兴趣、培养自主学习能力。

7. 建议学习者使用录音器材录下自己的发音,通过可视化方法发现自身的发音问题,进行及时改正。

目次

第1章　日本語の音

第1節　日本語の母音 / 2
　一、母音の「あ、い、う、え、お」/ 2
　二、母音無声化 / 4
　三、半母音 / 6
　四、母音の交替 / 6
　【コラム　中国語の二重母音と日本語の連母音】/ 7

第2節　日本語の子音 / 8
　一、子音の分類と特徴 / 8
　　（一）日本語の「シ」の発音 / 10
　　（二）日本語の「フ」の発音 / 10
　　（三）日本語の「ッ」の発音 / 12
　　（四）日本語の「ナ行」と「ラ行」の発音 / 13
　二、有声音と無声音 / 14
　　（一）無声破裂音 / 15
　　（二）有声破裂音 / 17
　　（三）鼻濁音の発音 / 18
　三、拗音 / 19
　【コラム　擬音語と擬態語の音声特徴】/ 20
　【ゲーム1　動物の声】/ 22
　【ゲーム2　早口言葉】/ 22
　【ゲーム3　謎解き】/ 22

第2章　日本語のリズム

第1節　拍 / 23

　　　　第2節　促音の「っ」/ 26
　　　　第3節　撥音の「ん」/ 28
　　　　第4節　長音 / 29
　　　　　　【コラム　俳句と川柳】/ 31
　　　　　　【ゲーム　自己流川柳を作ろう】/ 32
　　　　第5節　フット / 33
　　　　　　一、語の短縮 / 35
　　　　　　二、曜日の言い方 / 35
　　　　　　三、数字の伸長 / 37
　　　　　　【コラム　日本語の語呂合わせ】/ 38
　　　　　　【ゲーム　しりとり】/ 39

第3章　日本語の話し言葉の音声特徴

　　　　　　一、グループA——話し言葉の拗音化 / 41
　　　　　　二、グループB——話し言葉の「い」の脱落 / 42
　　　　　　三、グループC——話し言葉の母音融合 / 42
　　　　　　四、グループD——話し言葉の撥音化 / 43
　　　　　　【コラム　ら抜き言葉】/ 45

第4章　日本語のアクセント

　　　　第1節　アクセントの基本概念 / 46
　　　　　　一、日本語アクセントの特徴 / 48
　　　　　　二、日本語アクセントの表記 / 49
　　　　　　【コラム　日本語アクセントの新表記】/ 50
　　　　　　三、日本語アクセントの種類 / 50
　　　　　　四、日本語アクセントの法則 / 54
　　　　　　　（一）特殊拍とアクセントとの関係 / 54
　　　　　　　（二）連母音とアクセントとの関係 / 54
　　　　　　　（三）母音無声化とアクセントとの関係 / 55
　　　　　　五、日本語アクセントの機能 / 55
　　　　　　六、日本語アクセントの視覚化 / 57

　　　　　　【コラム　中国語の声調と日本語のアクセント】/ 58
　　第2節　いろいろな品詞のアクセント / 59
　　　　一、日本語の名詞アクセント / 59
　　　　　　（一）名詞アクセントの種類とその傾向 / 59
　　　　　　（二）人名のアクセント / 60
　　　　　　（三）複合名詞のアクセント / 63
　　　　　　【コラム　名詞アクセントの平板化】/ 67
　　　　二、日本語の形容詞アクセント / 68
　　　　　　（一）形容詞のアクセント / 68
　　　　　　（二）形容詞活用形のアクセント / 69
　　　　　　（三）形容詞アクセントの新傾向 / 70
　　　　　　（四）複合形容詞のアクセント / 71
　　　　　　【コラム　OJADで単語活用形のアクセントを調べよう】/ 72
　　　　三、日本語の動詞アクセント / 73
　　　　　　（一）動詞のアクセント / 73
　　　　　　（二）動詞活用形のアクセント / 75
　　　　　　（三）複合動詞のアクセント / 79
　　　　　　【コラム　「かえる」はどう発音する？】/ 80
　　第3節　文中のアクセント / 81

第5章　日本語の外来語の音声特徴

　　第1節　母音の挿入 / 83
　　第2節　促音と長音の添加 / 84
　　第3節　外来語のアクセント / 85
　　第4節　外来語の表記 / 87
　　　　　　【コラム　和製カタカナ語】/ 89
　　　　　　【ゲーム　アトラクションの名前を当てよう】/ 89

第6章　日本語のイントネーション

　　第1節　アクセントとイントネーション / 90
　　第2節　文中のイントネーションの「大ヤマ」と「小階段」/ 93

　　　　　　【コラム　シャドーイングで発音練習】/ 97
第3節　フォーカスとイントネーション / 97
　　　一、フォーカスとは / 97
　　　二、助詞「は」と「が」のイントネーション / 98
　　　三、疑問詞とイントネーション / 99
第4節　ポーズとイントネーション / 101
　　　一、ポーズとは / 101
　　　二、ポーズの機能 / 101
　　　　（一）ポーズは息抜きのチャンス / 101
　　　　（二）ポーズは考えるタイミング / 102
　　　　（三）ポーズは文の区切りと意味のまとまりの境界 / 103
第5節　文末のイントネーション / 105
　　　一、文末の上昇イントネーション / 106
　　　二、文末の非上昇イントネーション / 107
　　　【コラム　キャラクターと発音】/ 109
第6節　終助詞「よ」と「ね」のイントネーション / 110
　　　一、終助詞「よ」と「ね」の上昇イントネーション / 110
　　　二、終助詞「よ」と「ね」の非上昇イントネーション / 111
　　　【コラム　感嘆詞のイントネーション】/ 113
　　　【ゲーム　サバイバル生活について語ろう】/ 114

付録1　音声分析ソフトPraatの使用方法 / 115
付録2　日本語の発音を見よう / 128
付録3　動詞活用形のアクセント表(3拍語) / 134
付録4　数詞1〜100のアクセント表 / 135
付録5　助数詞のアクセント表 / 136

参考解答 / 138
用語索引 / 145
参考文献 / 148

第1章　日本語の音

学習目標

1. 母音と子音の違いを理解します。
2. 調音器官図を見て、日本語の母音と子音の調音特徴を理解します。
3. 調音器官を考えながら、日本語の母音と子音の発音を練習します。

【考えてみよう】
日本語の音は難しいですか。
あなたにとって、苦手な音はありますか。それは何ですか。

　人によって答えが異なるでしょう。しかし全体的に見れば、日本語の音は簡単だと思う人のほうが多いかもしれません。日本語は、世界の言語の中で見ると、母音の種類も、子音の種類も少ないほうです。また日本語の仮名あるいは音節は、ほとんどが「子音一つ＋母音一つ」からできているので、とても単純です。

　しかし、音の数が少なくても、たとえば日本語の「ラ行」音が難しい、鼻濁音が難しいなど困難を感じる人がいます。日本語のどの音が難しいかは、その人の母語または母方言によっても違います。また「全部簡単だ」と思っている人でも、実は不自然な発音をしていることに気づいていないこともあるかもしれません。

　第1章では、日本語の音（子音と母音）について紹介します。

　母音というのは、のど（声帯）で作られた音が、口の中で「じゃま」をされないで外に出た音のことです。子音というのは、口の中に「じゃま」を作って出す音のことです。日本語の子音と母音のような一つ一つの音のことを単音または分節音と言います。

　では、まず母音から見ていきましょう。

第1節　日本語の母音

　この節では、日本語の母音の「あ、い、う、え、お」、母音無声化、半母音と母音交替について紹介します。

一、母音の「あ、い、う、え、お」

　「あいうえお」は日本語の母音です。母音は口の中で「じゃま」を作らないで出す音ですが、唇や舌、口の形を変えることで、いろいろな種類の母音を作ります。それでは、唇の形、舌の前後位置、口の開きを説明しながら、日本語の母音を分類しましょう。

母音の分類基準

唇の形：　　　　円唇　—　非円唇
舌の前後位置：前舌　—　中舌　—　後舌
口の開き：　　狭　—　半狭　—　半広　—　広

　日本語の母音の「あ、い、う、え、お」の場合は、唇の形、舌の前後位置、口の開きはどうなっているのでしょうか。以下の図1-1を見ながら、確認しましょう。（録音-1-01）

	あ/a/	い/i/	う/ɯ/	え/e/	お/o/
	非円唇後舌広母音	非円唇前舌狭母音	非円唇後舌狭母音	非円唇前舌半狭母音	円唇後舌半狭母音
唇			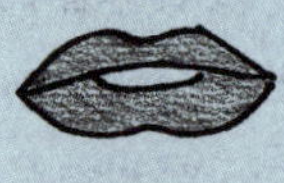		
断面図					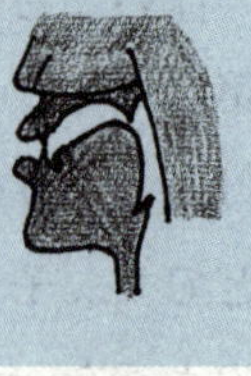

図1-1

　それでは、図1-1を見ながら、母音一つ一つの発音を見ていきましょう。

第1章　日本語の音

あ
「ア」は、日本語の母音の中で一番口の開きが大きい母音ですが、それでも口を軽く開くぐらいにします。中国語の/a/ほど口を大きく開きません。舌はどこも盛り上がらないで、力を抜いて発音します。

い
口をあまり開かないで、唇を少し横に引いて、舌を前に盛り上げて発音します。

う
口をあまり開かないで発音します。中国語の/u/と違って、唇を丸めないで発音します。また舌もあまり奥に引かないで、力を抜いて発音します（図1-2）。

図1-2

え
「イ」よりももっと口を開いて発音します。唇を少し横に引いて、発音します。

お
「ウ」よりももっと口を開いて発音します。舌は口の奥のほうで盛り上がります。唇は軽く丸めますが、あまり強くは丸めません（図1-3）。

図1-3

　以上の説明をまとめると、図1-4のようになります。図1-4は図1-1に示した口の開きと舌の前後位置をまとめたものです。世界の言語の母音をほぼすべて図1-4の図形に納めることができると言われています。日本語の場合は「あ、い、う、え、お」の五つに区切っているというわけです。

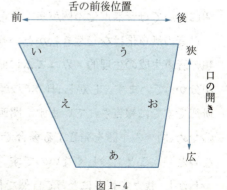

図1-4

> **練 習**
>
> 1. 次の順番で発音してみて、口の開き、唇や舌の変化を意識してみましょう。ペアになって、お互いの発音を聞いてみましょう。(録音—1—02)
>   - あ — い — え
>   - い — お — え
>   - お — あ — う
>   - う — え — あ
>   - え — い — お
> 2. 以下の単語を発音してみましょう。ペアになって、お互いの発音を聞いてみましょう。(録音—1—03)
>
>   愛(あい)　　　会う(あう)　　　上(うえ)　　　家(いえ)
>   甥(おい)　　　追う(おう)　　　青い(あおい)　　　言う(いう)
> 3. 中国語の母音はいくつありますか？それぞれの母音を発音してみてください。舌や口、唇の形はどう違いますか。日本語の母音と比べて、どれが似ていますか？どれが違いますか？

二、母音無声化

　　実際、日本語の単語や文を聞く時には、母音が不明瞭あるいはほとんど聞こえない時があります。たとえば、「です」「ます」の「す」は、母音の/u/の発音が明瞭ではありません。人の名字の「菊池(きくち)」の場合は、「き」も「く」も[k(i)k(u)]のように母音が発音されていないように聞こえるのです。これは母音無声化という現象です。

　　SMAPの草彅剛(くさなぎつよし)の「く」、中国人の苗字では、「せき(石)さん」「りく(陸)さん」の中で、「き」と「く」が母音無声化になりやすいです。名前だけではなく、「書き言葉(かきことば)」の「き」、有名な温泉地「草津(くさつ)」の「く」も無声化しやすいでしょう。語末の場合は、「です」「ます」のほかに、「かがく」の「く」の母音も無声化しやすいです。このように、実生活において母音無声化の例が多く見られます。

　　母音の無声化はなぜ起きるかというと、それは自然な生理現象だからと考えられます。人類の音声生成の生理的メカニズムに制約され、狭母音のほうが比較的に無声化しやすいことが分かっています。しかし、日本の方言によっても母音無声化現象がかなり異なることが方言研究ですでに報告されています。関西より関東のほうが無声化しやすい傾向があります。そのため、同一の単語を発音する場合でも、東京の話者では無声化し、大阪の話者では無声化しないということも珍しくないのです。

　　しかし、我々学習者にとって自然な日本語を話すためには、母音無声化が必要なのです。母

第1章　日本語の音

音無声化は自然な生理現象という観点から考えれば、発音のほうはさほど難しいことではありません。難しいのは、聞く方です。無声化した母音はエネルギーが低下し、その音声情報がとらえにくくなり、知覚の効率も悪くなります。特に初級段階の日本語学習者にとっては、ほかの学習項目より無声化した母音の知覚習得が比較的に遅れています。幸いにも、母音がどのような時に無声化しやすいかは、これまでの研究からかなりよく分かってきています。以下のような二つの原則があります。

> **母音無声化の原則**
> 1. [i][u]の2母音が無声化しやすく、他の3母音は無声化しにくいです。
> 2. 無声子音[k, s, t, h, p]の間に挟まれる母音や、無声子音の後ろにある語末の母音が無声化しやすいです。

　母音の無声化がさらに進むと、音が完全に脱落する促音化の段階に進んでいくことがあります。これは母音弱化の現象であるとも言われています。たとえば、「三角形」の場合は「さんかくけい」とも言えるし、「さんかっけい」とも言えます。ほかに、「直」という漢字は、「直接、直面、直営」の場合は「ちょく」と発音するが、「直径、直感」の場合は「ちょっ」と発音します。また、同じように「作」という漢字でも、「作品（さくひん）」の「く」は母音をしっかり発音しているが、「作成（さくせい）」という語では「く」が無声化し、さらに「作家（さっか）」という語では母音が完全に脱落して促音の「っ」になってしまいます。母音→母音無声化→促音化、このように母音の無声化や促音化は自然な発音にとって大切なものです。

　また、初級の学習者は無声化音節と非無声化音節を視覚的に比較することで、母音無声化現象をよりよく理解し、母音知覚を効率よくすることができると考えられます。本書では無声化と非無声化の母音の違いを視覚的に提示する方法を提案しています。その詳細は【付録2 日本語の発音を見よう】をご参考ください。さらに、音韻学では、母音無声化現象は単語のアクセントにも影響すると言われています。詳しくは【第4章第1節アクセントの基本概念】を参照されたいです。

練　習

1. 下線の部分に気をつけて、次の単語を聞いてください。発音はどのような違いがありますか。（録音—1—04）

- く<u>き</u>（茎）── く<u>ぎ</u>（釘）　　・ す<u>き</u>（好き）── す<u>ぎ</u>（杉）
- ふ<u>く</u>（服）── ふ<u>ぐ</u>（河豚）　　・ えき<u>か</u>ら（駅から）──えき<u>ま</u>で（駅まで）

2. 録音を聞きながら、リピーティングしましょう。下線のところに気をつけましょう。
（録音－1－05）

あ<u>し</u>た　　ひ<u>と</u>つ　　ふ<u>た</u>つ　　ち<u>か</u>てつ　　<u>し</u>ちじに　　<u>か</u>えりました

さんかく<u>け</u>い　　おい<u>し</u>かった　　おい<u>し</u>くなかった　　うつ<u>く</u>しかった

3. 録音を聞いて、下線の部分に仮名を書いてください。（録音－1－06）

___かく　　___かい　　かが___　　む___こ　　___すり

___さい　　あいさ___　　が___げいかい　　けいさ___かん

三、半母音

「言う」が「ユー」のように聞こえることはないでしょうか。「イ」「ウ」が連続すると、「言う→ユー」「キウイ→キューイ」になります。また、ほかにも「イ」「ウ」の後ろに他母音が続くと、「おみあい→オミヤイ」、「たくあん→タクワン」のように、母音から母音へ渡る途中で、半母音の[j][w]が挿入されます。「言う」[iu]が「ユー」[ju]になるのはそのわけです。このような性質から、半母音は「わたり音」とも呼ばれます。

四、母音の交替

二つの単語が結合してできる複合語では、しばしば母音の交替（特に[e]と[a]の交替）が起こります。同じ語でありながら、その中の母音の発音が違ってくるわけです。少々面倒ではあるが、このような交替を示す語はそれほど多くありませんので、覚えるといいでしょう。（録音－1－07）

(fune)	船、黒船、浮船	──	(funa)	船賃、船乗り、船酔い
(mune)	胸、胸肉、胸やけ	──	(muna)	胸元、胸毛、胸騒ぎ
(kaze)	風、南風、春風	──	(kaza)	風車、風見鶏、風向き
(sake)	お酒、甘酒、酒飲み	──	(saka)	酒屋、酒樽、酒場
(kane)	お金、金儲け、金持ち	──	(kana)	金具、金棒、金槌
(ame)	雨、大雨、雨上がり	──	(ama)	雨足、雨傘、雨宿り

第1章 日本語の音

　母音の交替は動詞の変化にも見られます。たとえば、次に示した他動詞と自動詞の交替では、上の複合名詞の場合と同じように母音[e]と[a]の間で交替が見られます。（録音－1－08）

他動詞[e]	自動詞[a]
変える	— 変わる
かける	— かかる
上げる	— 上がる
下げる	— 下がる
つなげる	— つながる

田中等(1999)を参考にした。

練習

　左の列と右の列の発音がどのように違うのか、グループで相談してみましょう。そして、母音の交替に気をつけて発音してみましょう。（録音－1－09）
- 稲　——　稲穂、稲垣
- 金　——　金井、金物
- 木　——　木陰、木の葉
- 酒　——　酒屋、酒盛り
- 爪　——　爪先、爪楊枝
- 上　——　上着、上目

【コラム　中国語の二重母音と日本語の連母音】

　中国語には「爱」[ai]、「奥」[ao]のような発音があります。このように[a]から[i]へ、[a]から[o]へと変化する1つの母音を「二重母音」と言います。それに対して、日本語の「愛」[ai]、「会」[kai]、「顔」[kao]などは、[a]と[i]、[a]と[o]が続いた2つの母音として発音します。これを「連母音」と言います。日本語の連母音を中国語の二重母音のように発音すると、言葉の長さが短くなったりして、とても不自然に聞こえてしまいます。だから、日本語では2つの母音が続くと、二重母音ではなく2つの母音（連母音）として発音するようにしましょう。

第 2 節　日本語の子音

　この節では、日本語の子音の分類と特徴、有声音と無声音の特徴及び発音方法、拗音の特徴について紹介します。

一、子音の分類と特徴

　子音は母音と違って、舌や唇を使って空気の流れを大きく「じゃま」することによって作り出されます。口の中のどこに「じゃま」を作るかを、子音の調音点と言います。その「じゃま」がどんな種類のものかを調音法と言います。子音は空気の流れが口の中のどの部分で、どのように「じゃま」されているかということによって、いくつかの種類に分類されます。子音を考える時は、この2つの基準が大切です。また、これに加えてもう1つ、その「じゃま」を作っているときに、のどの震えによって声が出ているかどうかで、有声と無声に分けられます。

子音の分類基準

調音点　——　調音法　——　有声/無声

　図1-5は口のあたりを横から見たイメージ図です。調音点については、イメージ図を見ながら、自分の口で調音点の場所を確かめてみてください。

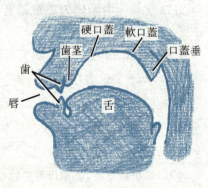

図1-5

- 唇：　　外からも見える、口の入り口が唇です。
- 歯：　　唇のすぐ後ろに、歯があります。
- 歯茎：　上下の歯の根元に、歯茎があります。
- 硬口蓋：上の歯茎から口の奥まで、アーチの形をした硬い部分です。
- 軟口蓋：硬口蓋からさらに口の奥にあり、硬い部分が終わり、柔らかい部分です。
- 口蓋垂：軟口蓋の奥には舌が届かないのですが、のどの奥にぶら下がっているものです。

　本書では、日本語の子音を次のように調音法によって分類します。主に、閉鎖音（別名破裂音）、摩擦音、破擦音、鼻音、接近音、弾き音があります。

- 閉鎖音：舌や唇で息の流れを一旦止めて作る音

・摩擦音：舌や歯茎、声門などの狭い隙間で空気との摩擦で作る音
・破擦音：舌や歯茎で息の流れを一旦止めて、その後に摩擦音を作って続ける音
・鼻音：ナ行音やマ行音のように、鼻に息を通して作る音
・接近音：ヤ行子音のように、硬口蓋に向けて舌の前の面を近づけて、軽い狭めを作る音
・弾き音：ラ行音のように舌先が歯茎を弾くように作る音

では、次の表1-1を見てください。調音点と調音法を考えながら、日本語の子音を確認しましょう。（録音－1－10）

表1-1

調音法	調音点	有声/無声	子音
閉鎖音（破裂音）	軟口蓋	無声	カ キ ク ケ コ　キャ キュ キョ
		有声	ガ ギ グ ゲ ゴ　ギャ ギュ ギョ
	歯茎	無声	タ テ ト
		有声	ダ デ ド
	両唇	無声	パ ピ プ ペ ポ　ピャ ピュ ピョ
		有声	バ ビ ブ ベ ボ　ビャ ビュ ビョ
摩擦音	歯茎	無声	サ ス セ ソ
		有声	ザ ズ ゼ ゾ（語中）
	歯茎硬口蓋	無声	シ シャ シュ ショ
		有声	ジ ジャ ジュ ジョ（語中）
	声門	無声	ハ ヘ ホ
	硬口蓋	無声	ヒ ヒャ ヒュ ヒョ
	両唇	無声	フ
破擦音	歯茎	無声	ツ
		有声	ザ ズ ゼ ゾ（語頭）
	歯茎硬口蓋	無声	チ チャ チュ チョ
		有声	ジ ジャ ジュ ジョ（語頭）
鼻音	歯茎	有声	ナ ヌ ネ ノ
	歯茎硬口蓋	有声	ニ ニャ ニュ ニョ
	両唇	有声	マ ミ ム メ モ　ミャ ミュ ミョ
接近音	硬口蓋	有声	ヤ ユ ヨ
	両唇軟口蓋	有声	ワ
弾き音	歯茎	有声	ラ リ ル レ ロ　リャ リュ リョ

続いて、中国人学習者が難しいと感じる日本語の子音について、詳しく見ていきましょう。

（一）日本語の「シ」の発音

【聞いてみよう】（録音―1―11）
まず、聞いてください。どれが日本語として自然でしょうか。
　A　わた<u>し</u>　　B　わた<u>し</u>　　C　わた<u>し</u>

　Bのような発音は中国人学習者のほかに、英語母語話者の場合に多く見られます。日本語の「し」[ɕi]は、英語のsh[ʃi]とは少し違います。日本語の「し」は調音点が少し後にあるのです。英語の[ʃi]のときは、唇も少し丸められます。また、Cの場合は「わたすぃ」のように聞こえて、それも不自然です。Aの発音が日本語として自然です。BとCのような発音は日本人にとっては少し「英語なまり」のように聞こえるので、気をつけましょう。

練習

　次の単語を発音してみてください。ペアになって、お互いに発音をチェックしましょう。（録音―1―12）
<u>シ</u>マウマ　　試合（<u>し</u>あい）　　質屋（<u>し</u>ちや）　　質問（<u>し</u>つもん）
お尻（<u>し</u>り）に座布団を敷（<u>し</u>）く　　写真（<u>しゃ</u>しん）　　少子化（<u>しょ</u>うしか）

（二）日本語の「フ」の発音

【聞いてみよう】（録音―1―13）
次のA、B、Cの「フ」を聞いてください。どれが日本語として自然でしょうか。
　A　フ　　B　フ　　C　フ

　＊　【聞いてみよう】の答え：A　わたし
　　　【聞いてみよう】の答え：B　フ

日本語の「フ」の子音[ɸ]は、上の唇と下の唇を使って作る音で、息を「フーッ」と吹く時の口構えと似ています。息を吹く時に、唇を尖らせないように注意しましょう。それから、息を吹いた後、母音[ɯ]をつけて「フ」と発音します。これは標準中国語にはない音で、難しいと感じる学習者が少なくありません。そこで、次のような練習方法を紹介します。

「フ」の発音方法

1. ロウソクを吹いて消す時のことを思い出してください。口の前に指を1本立てて、ロウソクの代わりにします。火を吹き消す時のように、息を「フーッ」と吹いてください。

2. 薄いハンカチを両手で持って、口の前に垂らしてください。ハンカチが息で動くように、息を「フーッ」と吹いてください。

国際交流基金（2009）を参考にした。

　第1節にも紹介した母音無声化のことですが、実は「フ」の母音はよく無声化をします。洋服（ようふく）、二つ（ふたつ）、普通（ふつう）、蓋（ふた）などのように、「フ」の母音が聞こえない場合がよくあります。

練 習

1. 次の単語を発音してみてください。ペアになって、お互いに発音をチェックしましょう。（録音—1—14）
   普段（ふだん）　　普通（ふつう）　　腐敗（ふはい）　　不良品（ふりょうひん）
   不服（ふふく）　　不備（ふび）　　　不可欠（ふかけつ）　不必要（ふひつよう）
2. 次の「はひふへほ」の歌をリズムよく発音してみましょう。それぞれどのような笑い声ですか？　絵を見ながら、ペアになって話し合ってください。

たのしいときには　　あ　は　は
ちょっと　いじわる　　い　ひ　ひ
なんだか　うれしい　　う　ふ　ふ
いや、そうでもないけど　え　へ　へ
ちょっぴり　すまして　　お　ほ　ほ
はひふへほ　はひふへほ

あはは　　いひひ　　うふふ　　えへへ　　おほほ

（三）日本語の「ツ」の発音

【聞いてみよう】（録音—1—15）
次のA、B、Cの「ツ」を聞いてください。どれが日本語として自然でしょうか。
A ツ　　　B ツ　　　C ツ

日本語の「ツ」の発音が難しいとよく言われています。ここでは、「ス」から「ツ」へという練習方法を紹介しましょう。

まず、日本語の「ス」と「ツ」を発音する時の口の形を見てみましょう。

図1-6

「ス」と「ツ」の断面図がほとんど同じであることに気づきましたか。実は、日本語の「ス」と

＊【聞いてみよう】の答え：A ツ

第1章　日本語の音　　　　　　　　　　　　　　　　　　　　　　　　　　　　　　　　13

「ツ」は同じ無声歯茎音です。両者の違いは調音法にあります。「ス」は摩擦音で、「ツ」は破擦音です。つまり、舌や口の形は同じで、「ツ」は一旦息を止めて発音するのです。「ス」の発音は比較的に簡単なので、「ス」を発音する時の口の構えのままで、「ツ」の発音を練習するといいでしょう。

> **「ツ」の発音方法**
>
> 1. 「ス」をできるだけ長く発音します。
> 2. 「ス」の口の構えのまま、舌先を歯茎の裏につけて、しばらく息を止めて、一気に開放します。
> 3. 再び「ス」を発音して、ステップ2を何回か繰り返します。
> 4. 「ス」の発音時間を少しずつ短くすると、「ツ」の発音に近づきます。
>
> 国際交流基金(2009)を参考にした。

練　習

> 次の単語を発音してみてください。ペアになって、お互いに発音をチェックしましょう。（録音－1－16）
>
> 強い(つよい)　　使う(つかう)　　通知(つうち)　　付き合う(つきあう)
> 積読(つんどく)　突っ込む(つっこむ)　釣鐘(つりがね)

（四）日本語の「ナ行」と「ラ行」の発音

> 【聞いてみよう】（録音－1－17）
> 単語を聞いてください。聞こえた仮名を選んでください。
> ＿＿＿みだ　　　　＿＿＿くだ
> A な　　　　　　 B ら

　学習者の中で、「ナ行」の発音が難しく、「鍋(なべ)」を「らべ」のように発音したりして、「ラ行」と混同する人が少なくありません。どうしてこのような間違いが起こるのでしょうか。以下の「ナ」と「ラ」の断面図を見ながら、考えましょう。

---

*　【聞いてみよう】の答え：なみだ　らくだ

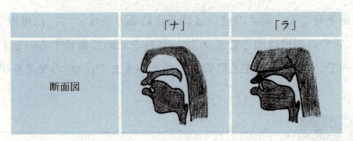

図1-7

　図1-7を見ると、「ナ」と「ラ」の口の形が似ていることに気づくと思います。調音点も同じく歯茎です。簡単に言うと、「ナ行」と「ラ行」の一番大きな違いは鼻から息が出ているかどうかです。「ラ行」は弾き音で、舌先が歯茎に触れた後すぐに離れるようになっていて、発音過程においては鼻咽腔が閉鎖状態を保ちます。鼻から空気が出ていません。「ナ行」は鼻音で、舌先が歯茎に触れたままで、鼻咽腔が開放状態です。口腔と鼻腔で共鳴が起こります。

練　習

「ラ行」と「ナ行」の発音に気をつけて、次の文章を発音してみてください。ペアになって、お互いに発音をチェックしましょう。（録音―1―18）
- リュックにおにぎりがある。
- 奈良は内陸である。
- 夏になると、暑くて夜も眠れない。
- 魯さんのノートは六冊もある。
- 家の中なら、なにも心配いらない。

二、有声音と無声音

　日本語の子音を分類する時、息の「じゃま」を作っているときに、のどの震えによって声が出ているかどうかで、有声音と無声音に分けられます。ここでは、のどの震えがポイントになってきます。のどの震えとはどういうことでしょうか。次のように感じてみましょう。

有声音と無声音の弁別方法

1. のどに手を当てて、「ア――」と言ってみましょう。次に声を出さないで、息だけ

「ハ──」と出してみましょう。手に伝わったのどの状態は、違いがありましたか。
「ア──」の発音のほうが、のどの震えが強く感じられます。
2. 手で耳をふさいで、同じように比べてみてください。耳の響きは違いましたか。
「ア──」の発音のほうが、耳の響きが強いです。

国際交流基金（2009）を参考にした。

次に、「ラララ…」[ra ra ra …]、「ササ…」[sa sa sa …]と「子音＋母音」の音を連続して速く発音してみましょう。のどに手を当てたり、耳をふさいだりしながら、のどの震えがあったかどうかを確認してみましょう。

「ラ」の場合は、母音を伸ばして発音したときに、のどがずっと震えているのが感じられたり、ふさいだ耳にずっと声が響いているのが聞こえたりしたと思います。つまり、母音の時も、子音の時も、のどが震えているということです（＊一般的には母音は発音する時、のどの震えが伴う有声音です）。このことから、子音[r]は有声音だということがわかります。

それに対して「サ」の場合は、のどの震えがとぎれていると思います。母音[a]を発音している時はのどが震えているけれど、子音[s]を発音している時はのどの震えが止まっています。このことから、子音[s]はのどの震えを伴わない無声音であることがわかります。

ｖｖｖｖｖｖｖｖｖｖｖｖｖｖｖｖｖｖｖｖｖｖｖｖｖｖ					＿＿＿ ｖｖｖｖｖｖｖ ＿＿＿ ｖｖｖｖｖｖｖ			
r	a	r	a	a	s	a	s	a

vvvv はのどの震えを表します。

図 1-8

（一）無声破裂音

日本語の単語を聞く時、濁点があるかないかで悩む学習者がいます。たとえば、「わたし」を聞いて、「わたし」なのか、「わだし」なのか、戸惑うことがあります。日本語の有声音と無声音の区別、特に破裂音のタ／ダ行、カ／ガ行、パ／バ行の区別が難しいと感じる中国人学習者が多いです。聞く場合だけでなく、発音する際にも混同がよく生じます。たとえば、「大学（だいが

く）」を言おうとして、「退学（たいがく）」や「体格（たいかく）」になってしまったり、「伝統（でんとう）」が「店頭（てんとう）」になってしまうことです。これはなぜだろうかと考えたことがありますか。

【聞いてみよう】
以下の単語を聞いてください。日本語と中国語の［t］［d］は違います。（録音−1−19）
（日本語）　　た つ　　　　　ま た　　　　　だ め　　　　　ま だ
（中国語）　　他们（ta men）　其他（qi ta）　搭建（da jian）　白搭（bai da）

日本語と中国語では、破裂音を区別する基準が違います。日本語では、のどの震えがあるかないかで有声破裂音「だ」と無声破裂音「た」に分けられます。しかも、「また」と「まだ」のように有声／無声によって意味の違いももたらします。これに対して、中国語は音を発する時、息の出し具合によって破裂音を区別しています。息が付く音「他（ta）」を有気音と言い、息がつかない音「搭（da）」を無気音と言います。ここで気をつけなければならないのは、中国語の有気音も無気音ものどの震えがない無声音であるということです。つまり、日本語は有声破裂音［b/d/g］と無声破裂音［p/t/k］の対立で、中国語は無声無気破裂音［p/t/k］と無声有気破裂音［p^h/t^h/k^h］の対立です。

では、無声破裂音の発音はどうなのでしょうか。中国人学習者には言葉の最初（語頭）の「た」と言葉の中（語中）の「た」の発音が違うように聞こえることがありますが、実は意味の違いには関係ありません。語中で呼気が弱くなるのは、気流を節約し、できるだけ多くの言葉を発するという生理的現象ではないかと考えられます。日本語だけでなく、他の言語でも見られる現象です。たとえば、英語の「star」の発音を思い出して下さい。「star」の「t」は有気音［t^h］ではなく、無気音［t］で発音されています。

では、どのように発音したらいいのでしょうか。ここで、以下の方法を紹介します。

無声破裂音の発音方法

　語頭「た」は中国語の無声有気音「他（ta）」のように発音します。ただ、息をやや弱めにしたほうがいいでしょう。
　語中「た」は中国語の無声無気音「搭（da）」のように発音するといいでしょう。ただ、のどの震えがない無声音であることをしっかり覚えてください。

このように練習すると、日本語の無声破裂音はそれほど難しくないでしょう。

第1章　日本語の音

> **練　習**
>
> 1. 録音を聞いて、単語を完成させてください。グループになって、答え合わせしてみてください。（録音－1－20）
>   (1) ＿＿い＿＿く　　　　　＿＿い＿＿く　　　　　＿＿い＿＿く
>   (2) さん＿＿　　　　　　　さん＿＿い　　　　　　さん＿＿く
>   (3) ＿＿ん＿＿う　　　　　＿＿ん＿＿う　　　　　＿＿ん＿＿う
> 2. 以下の単語を発音してください。ペアになって、お互いの発音をチェックしましょう。（録音－1－21）
>   [t] たま　また　とら　まと　てま　たて
>   [k] かとう　かわ　わかい　きまり　スキー　けっか　かけ　こけ　けっこう
>   [p] パイ　りっぱ　いっぱい　ピン　すっぴん　いっぺん　すっぽん

（二）有声破裂音

「バス」が「パス」になったり、「でんき」が「てんき」になったり、「がっこう」が「かっこう」になったりするなど、ことばの最初（語頭）の有声音が、無声音になってしまう場合に、これを有声音で発音する練習をしましょう。いくつかの方法を紹介します。

> **有声破裂音の発音方法　其の1**
>
> 　身体の弛緩を利用した練習方法です。全身の力を抜いて、ため息をつきながら、「だ〜め〜だ」とできるだけ長く伸ばすように言ってみてください。それから、「だめだ」と段々短くして言ってください。そうすると、日本語の有声破裂音「だ」の発音ができるようになります。
>
> 　　　　　　　　　　　　　　　　　　　　　　　　　　　　川口（2008）を参考にした。

> **有声破裂音の発音方法　其の2**
>
> 　鼻音を利用した練習方法です。最初に日本語の「ん」を長く伸ばすように発音してみてください。何回か言ってみた後で「だ」をつけて、「んだんだんだ」と繰り返して発音してみます。それから「ん」を徐々に短くしていきます。最後に「ん」がほとんど聞こえなくなり、日本語の有声破裂音「だ」の発音だけが残るようにします。

有声破裂音の発音方法　其の3

中国の方言を利用した練習方法です。たとえば、上海方言にも有声音があります。日本語の「だ」を発音する時、上海方言の「洗浴」の「洗」の発音を思い出して下さい。その子音の発音は「だ」と似ています。

練習

以下の単語を発音してください。友達とペアになって、お互いの発音を聞きましょう。

語頭の場合(録音－1－22)
- きらきら ── ぎらぎら
- くるくる ── ぐるぐる
- けらけら ── げらげら
- ころころ ── ごろごろ
- とんとん ── どんどん
- ぽろぽろ ── ぼろぼろ
- ぺらぺら ── べらべら

語中の場合(録音－1－23)
- かんけい(関係) ── かんげい(歓迎)
- かんかく(間隔) ── かんがく(漢学)
- えんき(延期) ── えんぎ(縁起)
- かなた(彼方) ── かなだ(カナダ)
- じてん(辞典) ── じでん(自伝)
- てんとう(転倒) ── てんどう(天道)
- かんぱい(乾杯) ── かんばい(完売)

（三）鼻濁音の発音

【聞いてみよう】(録音－1－24)
まず、次の「かがく」という単語を聞いてください。AとBの発音は、どう違うのでしょうか。
A　かがく　　　B　かがく

　Aでは「が」の音が、前に説明した有声破裂音で発音されていたが、Bでは「が」の音が、破裂音ではなく、鼻からも息を出して発音する「鼻音」という音で発音されていました。
　日本語では、ガ行が語中に来た時や、助詞として現われた時は、破裂音ではなく、鼻音で発音されることがあります。これを「ガ行鼻濁音」と呼びます。音声の専門書や辞書では、破裂音と区別して、鼻濁音のガ行を「カ゜、キ゜、ク゜、ケ゜、コ゜」のように表しています。
　ガ行の破裂音と鼻濁音とでは、口の中の形がこのように違います。

＊【聞いてみよう】の答え：A　破裂音　　B　鼻濁音

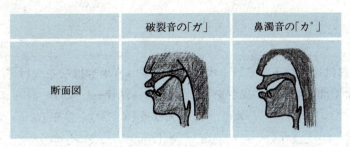

図1-9

　ガ行鼻濁音は、昔は日本語のガ行の発音として一般的でしたが、現在では使う人がとても少なくなっています。特に若い人は、ほとんど使わなくなっています。しかし、使われなくなったからといって、われわれ学習者も鼻濁音を練習する必要がないというわけではありません。ガ行鼻濁音はガ行の「正しい発音」であるという考え方は今でも残っています。テレビのアナウンサーの発音や、教科書付属録音などの発音では、ガ行鼻濁音が使われている場合が多いです。

三、拗　音

　「拗音」とは、小さい「ゃ、ゅ、ょ」が使われ、たとえば「きゃ、きゅ、きょ」と書かれるものです。日本語には以下の拗音があります。（録音－1－25）

表1-2

き	きゃ	きゅ	きょ
ぎ	ぎゃ	ぎゅ	ぎょ
し	しゃ	しゅ	しょ
じ	じゃ	じゅ	じょ
ち	ちゃ	ちゅ	ちょ
に	にゃ	にゅ	にょ
ひ	ひゃ	ひゅ	ひょ
び	びゃ	びゅ	びょ
ぴ	ぴゃ	ぴゅ	ぴょ
み	みゃ	みゅ	みょ
り	りゃ	りゅ	りょ

　ここで気をつけなければいけないのは、拗音は2文字使っても音の長さは1文字分です。だから、「きゃ」と「きや」をきちんと区別して発音するように心がけましょう。よく例に挙げられるのは「美容院」（びよういん）と「病院」（びょういん）です。他にも「器用」（きよう）と「今日」（きょう）なども間違いやすいです。

> 練習

1. 以下の単語には拗音が入っていますか。入っている場合は○をつけてください。次に、録音をよく聞いて発音の練習をしましょう。(録音－1－26)
   - きょう(　)　きよう(　)
   - ひゃく(　)　ひやく(　)
   - しよう(　)　しょう(　)
   - しゅう(　)　しゆう(　)
   - りよう(　)　りょう(　)
   - ひょう(　)　ひよう(　)
   - りゅう(　)　りゆう(　)
   - いちょう(　)　いちよう(　)
   - みょう(　)　みよう(　)
   - びようし(　)　びょうし(　)

2. 以下の単語を発音してみましょう。友達とペアになって、お互いの発音を確認しましょう。(録音－1－27)
   - しょうじきな　そうじき(正直な掃除機)
   - こうしつの　きょうしつ(皇室の教室)
   - りょうこうな　りょこう(良好な旅行)
   - しょかいの　しょうかい(初回の紹介)
   - きょうりゅうの　きゅうりょう(恐竜の給料)
   - きょうかしょの　きょかしょう(教科書の許可証)
   - じゅうぎょういんの　じゅぎょう(従業員の授業)

【コラム　擬音語と擬態語の音声特徴】

　日本語には、擬音語と擬態語がたくさん存在します。人や動物の声、物音を、それに似せて表す言葉を擬音語と言います。一方、人や物の動きや様子を感覚的にとらえて表す言葉を擬態語と言います。擬音語や擬態語を使うことによって、臨場感ある音声や状況が脳に生き生きと浮かび、まるで文字に命を吹き込んだようになります。そのため、広告、商品名、新聞の見出し、文学作品等々、さまざまなコンテクストに幅広く利用されています。

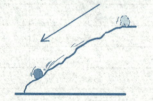
小さい石がころころ転がっている。

大きい石がごろごろ転がっている。

ドアをとんとん叩く。　ドアをどんどん叩く。

図1-10

日本語の擬音語と擬態語には興味深い音声特徴が存在します。ここで、いくつか紹介しましょう。
　第一、擬音語と擬態語には有声音と無声音のミニマルペアが多いです。たとえば、「ころころ」と「ごろごろ」、「とんとん」と「どんどん」、このような有声・無声の対立は言葉の意味にも深く関係しています。イラストを見ながら、説明しましょう。（録音－1－28）このように、無声音の「ころころ」や「とんとん」には軽く、小さく、弱いイメージがあるが、有声音の「ごろごろ」や「どんどん」には重く、大きく、強いイメージがあります。

　他にも、以下のような有声・無声のペアになっている擬音語と擬態語があります。例文を読みながら、意味を考えましょう。（録音－1－29）

- 星がきらきら輝いている　　　——　真夏の太陽がぎらぎら照りつけている
- こまがくるくる回っている　　——　駐車場を探してぐるぐる走り回っている
- かわいい子供がけらけら笑う　——　お笑い番組を見てげらげらと大笑いする
- 涙がぽろぽろとこぼれだした　——　涙がぼろぼろ流れて止まらない
- 冷蔵庫にマグネットをぺたぺたくっつける　——　手が油でべたべたで、気持ち悪い
- 彼女は三カ国語もぺらぺら話す　——　彼はべらべらとよくしゃべる男だ
- リスが木の実をかりかりと食べる　——　歯でがりがりと氷をかじる
- 象が鼻で木の枝をぽきぽき折る　——　指の関節をぼきぼきと鳴らす
- 空き缶がからからと転がっている　——　荷車をがらがらと引いて行く
- ランドセルの中で筆箱がことこという　——　地震で家具がごとごとと揺れている

　第二、擬音語と擬態語は2文字の仮名が繰り返されるという独特な形を持ったものが多いです。「ころころ」と「ごろごろ」、「とんとん」と「どんどん」のように、2拍子が基本となった4拍語です。とてもリズミカルで、日本語らしさを備えていると言われています。擬音語と擬態語は日本人のリズム感、語感をよく表している言葉ですから、リズムの練習として使っても効果的でしょう。
　中には「パリパリ」「サクサク」「シャキシャキ」のように、2仮名が繰り返される語（ABAB型）もあれば、「パリッと」「サクッと」「シャキッと」のような「〜ッと」の形（ABッと型）を持つものもあります。ABAB型の場合は連続した音声や動きを表しているが、ABッと型の場合は連続しない1回のみの音声や動きを表しています。このような擬音語と擬態語のペアを使って、特殊拍「っ」の練習にも用いることができます。

【ゲーム1　動物の声】

日本語ではどのように動物の声を表していますか。以下の動物とその声を線で結んでください。動物の声を発音してみましょう。（録音－1－30）

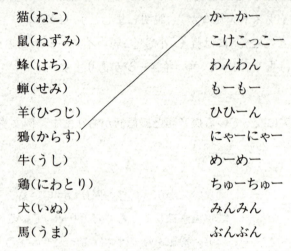

猫（ねこ）　　　　　かーかー
鼠（ねずみ）　　　　こけこっこー
蜂（はち）　　　　　わんわん
蝉（せみ）　　　　　もーもー
羊（ひつじ）　　　　ひひーん
鴉（からす）　　　　にゃーにゃー
牛（うし）　　　　　めーめー
鶏（にわとり）　　　ちゅーちゅー
犬（いぬ）　　　　　みんみん
馬（うま）　　　　　ぶんぶん

【ゲーム2　早口言葉】

日本語の早口言葉を言いましょう。まず、仮名一つ一つの発音に注意しながら、ゆっくり言いましょう。慣れてきたら、速いスピードで連続3回言ってみてください。

- 鶏（にわとり）が裏庭（うらにわ）には2羽（わ）、前庭（まえにわ）には2羽（わ）
- 瓜売（うりう）りが瓜売（うりう）りに来（き）て瓜売（うりう）れず売（う）り売（う）り帰（かえ）る瓜売（うりう）りの声（こえ）
- 赤巻紙（あかまきがみ）青巻紙（あおまきがみ）黄巻紙（きまきがみ）
- 東京特許許可局許可局長（とうきょうとっきょきょかきょくきょかきょくちょう）
- 新宿写真製作所（しんじゅくしゃしんせいさくしょ）

【ゲーム3　謎解き】

【母には二度会うけれど、父には一度も会わず、これは何ですか。】

第2章　日本語のリズム

学習目標

1. 拍の概念を理解します。
2. 特殊拍(促音、撥音、長音)を理解し、練習します。
3. フットの概念を理解し、その応用を練習します。

【考えてみよう】
　次の文は、外国人日本語学習者の作文です。どこかおかしいところがありますか。それはどこでしょうか。
　作文の課題:「あたかも」を使って短い文を作りなさい。
　学生の答え:「かばんの中にきょかしょうがあたかもしれません。」

　おかしいところは2か所あります。まずは「教科書」を「許可証」のように発音しています。「きょう」が「きょ」になり、「しょ」が「しょう」になっています。それから、「あたかもしれません」も不自然です。おそらくその学生は「あったかもしれません」と言いたかったのでしょう。このように、音が短くなったり、長くなったり、促音が抜けてしまったりすると、文全体の意味がおかしくなる可能性があります。そして会話だけでなく、発音の間違いは表記のミスとして現われ、作文にも影響を与えてしまいます。
　この章では、日本語のリズムの特徴を紹介し、練習していきましょう。

第1節　拍

　日本語の母音と子音がいくつも結びつくと、そこに音の規則的な単位の連続が生まれます。

この連続のことをリズムと言います。リズムの中の重要な概念は拍であり、日本語の音の長さを表す時に使う単位です。同じ意味で、モーラ（mora）という言葉を使うこともあります。拍は自立拍と特殊拍に分かれます。ここでは、まず日本語の拍の定義や特徴を見ていきましょう。

拍の定義
　日本語では、1つの拍はだいたい同じ時間の長さで発音されます。2拍の音は、1拍の音のだいたい2倍の長さで発音されます。

　しかし、機械で正確に測れば、すべての拍の長さが完全に同じわけではありません。2拍の音が1拍の音の正確な2倍にならないこともあります。だから、「日本語の拍の長さはだいたい同じである」と覚えたほうがいいでしょう。

国際交流基金（2009）を参考にした。

仮名1文字は1拍
　仮名で書いた時の1文字が、1拍になります。たとえば「だいがく」ということばは「だ/い/が/く」がそれぞれだいたい同じぐらいの長さで発音され、全部で4拍のことばです。

拗音は2文字で1拍
　「○ゃ」「○ゅ」「○ょ」のように書かれる拗音は、その2文字で1拍になります。たとえば「きゃく」は「きゃ/く」の2拍で、「ちょきちょき」は「ちょ/き/ちょ/き」の4拍になります。拗音の拍も、ほかの拍とだいたい同じ長さで発音されます。

「ー」（長音）、「っ」（促音）、「ん」（撥音）はそれぞれ1拍
　長音（「えいご」の「い」の部分や、「パーク」の「ー」の部分）、促音「っ」、撥音「ん」は、それだけで1拍になり、ほかの仮名とだいたい同じ長さになります。「えいご」は「え/い/ご」で3拍、「パーク」は「パ/ー/ク」で3拍になります。

　これらの「ー」「っ」「ん」は、ほかの母音や子音とは違って、実際に決まった音がなく、日本人の頭の中で抽象的に、「伸ばす音」、「っの音」、「んの音」と考えられているものです。これらの3つの拍をまとめて、特殊拍と言います。先ほどの【考えてみよう】の学生の作文のように、特殊拍の間違いはよく現れ、話す時だけでなく、書く時にもよく見られます。このような誤りをなくすためには、この特殊拍を適切な長さで言えるようにすることが必要です。

第2章 日本語のリズム

練 習

1. 次の単語は、それぞれ何拍のことばですか。書いた後、友達と答え合わせしてみてください。（録音－2－01）

   こんにちは（　　）　　　りょこう（　　）　　　あんない（　　）
   がっこう（　　）　　　　にほんごきょうしつ（　　）
   おばさん（　　）──おばあさん（　　）　きた（　　）──きった（　　）
   さま（　　）── さんま（　　）

2. 5拍・7拍・5拍のリズムを持つ川柳があります。以下は日本の大学生が書いた川柳です。拍数に気をつけて、例のように適当なものを選んでください。それから、完成させた川柳を読んでみましょう。（川柳については、【コラム　俳句と川柳】で詳しく紹介しています。）（録音－2－02）

	5拍	7拍	5拍
例：	携帯を	(a) a 忘れただけで b 忘れるぐらいで c 忘れたので	帰りたい
	ロケットで	(　　) a 土星 b 試験ない国 c 彼方の国	行きたいな
	ママの口	(　　) a ハッピーモードに b ラッキーモードに c マナーモードに	切り替えて
	事務室で	一言多くて	(　　) a 怒られた b 聞こえた c 帰った

第2節　促音の「っ」

【考えてみよう】
　留学生のAさんは前髪が長くなったので、美容院へ行って、ちょっとカットしてもらいたいと思っています。(録音－2－03)

美容師：いらっしゃいませ。
Aさん：こんにちは。
美容師：今日はどのように致しましょうか。
Aさん：前、ちょっと切ってください。
美容師：え？　何でしょうか。(Aさんの後ろから前に移動してきた)

　どうして、美容師さんは後ろから前に移動してきたのでしょうか。発音をどのように工夫したらよいのでしょうか。録音を聞いて、考えてください。

　ここで大切なのは、促音の「っ」は1拍の長さを持つということです。「っ」は実際に音が出ていない状態なのですが、そこを他の拍と同じ長さに保つことが重要です。そうしないと、Aさんのように、あるはずの拍がなくなったり、短くなったりするわけです。すると、「ちょっと→ちょと」、「切って→来て」のように違う意味の単語として相手に伝わる可能性もあります。
　では、「っ」の発音について話しましょう。「っ」は無音区間ですが、実はいろいろな音で発音されています。たとえば、「一個(いっこ)」の[k]の前なら、「っ」の部分の口の構えは[k]になっています。「一歳(いっさい)」の[s]の前なら、「っ」の部分から[s]の音がすでに始まっています。
　[p][t][k][ts][tɕ]のような破裂音・破擦音は、子音を作るときに、舌や唇によって、空気の通り道がいったん塞がれる音です。たとえば、(録音－2－04)

　　　例：いっぱい　　いったい　　いっつう　　いっちょう

　以上の例のように、こうした音の前に「っ」が来た時は、空気の通り道を塞いだ口の構えのまま、しばらく待ちます。つまり、促音「っ」の部分は、口の構えがあるだけで、実際には音が出ていないのです。
　それに対して、[s][ɕ]のような摩擦音の前に来た時は、たとえば、(録音－2－05)

　　　例：いっさい　　いっしょう　　いっせい　　いっそう

以上の例のように、「っ」の部分もその後に続く摩擦音として発音されます。摩擦音は空気の通り道を塞がないで、伸ばして発音できる音ですから、「っ」の時からもうすでに摩擦音の音が出ていることになります。そのため、摩擦音の前の「っ」のときに音を出さないで発音すると、不自然な発音に聞こえてしまいます。

以下では、手の動きを利用した促音の練習方法を紹介しましょう。

> **促音の練習方法**
>
> 「きっと」の場合は、「き」を発音する時に手を開いて、「っ」の時は手を閉じて、すぐに開いて「と」と発音してみましょう。
>
>
> き　　　っ　　　と
>
> 戸田(2004)を参考にした。

また日本語の促音「っ」を勉強する時、促音が入っている単語ばかりに注目するのではなく、促音と非促音を比較し、両者の違いを理解することが大事です。その場合は、促音と非促音の音韻対立のミニマルペア(例えば、「割った」と「綿」)を利用するといいでしょう。さらに、このようなミニマルペアの音声的違いを視覚的に提示する方法も有効です。この教材では音響的視覚情報と聴覚情報を併用する教授法をお勧めしています。その詳細は【付録2】をご参照ください。

> **練習**
>
> 1. 「っ」があるのとないのとで意味が変化する語のペアを見て、発音してみてください。ペアになって、お互いの発音を聞いてみましょう。(録音－2－06)
>   - 柿(かき) ── 活気(かっき)　・綿(わた) ── 割(わ)った
>   - イチョウ ── 一兆(いっちょう)　・他社(たしゃ) ── 達者(たっしゃ)
>   - 破壊(はかい) ── 八階(はっかい)　・画商(がしょう) ── 合唱(がっしょう)
>   - 字体(じたい) ── 実体(じったい)　・主張(しゅちょう) ── 出張(しゅっちょう)
> 2. 以下の文の意味を考えながら、発音してみましょう。ペアになって、お互いの発音を聞いてみましょう。(録音－2－07)
>   - うちの犬はホテルの前で穴を掘ってる。　・これは100万枚もCDを売った歌だ。
>   - あの二校は日光に行きました。
>   - もっときれいで、元ミスコンの人を知っている。

第3節　撥音の「ん」

【聞いてみよう】
次のA、B、Cの発音を「ぜんぜん」という単語に注意して聞き比べましょう。どちらのほうが自然でしょうか。（録音－2－08）
　　A　講義は、ぜんぜんわからなかった。
　　B　講義は、ぜんぜんわからなかった。
　　C　講義は、ぜんぜんわからなかった。

促音の「っ」と同じように、撥音の「ん」という音も1拍の長さを持っています。Bの「ん」が非常に短く、「ぜん」が1拍のように聞こえます。「ぜんぜん」が合計で2拍分の長さにしか聞こえないので、不自然です。Cの「ぜん」が「ぜー」のように、「ぜ」が長くなっていて、不自然です。そのため、Aの発音のように、「ん」を他の拍と同じぐらい持続させましょう。

「ん」は後に来る音によって、発音の仕方が少々変化します。それについて以下の表にまとめてみました。

表 2－1

	発　音	単　語　例
「ん」の後ろに何も来ない時	口の一番奥の場所で、口に流れる空気の道を閉じて、全部の息が鼻のほうにしか行かないようにして音を作ります。	にほん、ごめん、すみません
「ん」の後ろに口を閉じる音が来る時	後ろに破裂音、鼻音、破擦音が来る時は、「ん」はその音と同じ調音点の鼻音として発音されます。	後ろに両唇音（パ行、バ行、マ行）：しんぱい、こんばん、うんめい
		後ろに歯茎音（タ行、ダ行、ナ行、ラ行、ザ行）：はんたい、こんどう、そんな、れんらく、こんざつ
		後ろに歯茎硬口蓋音（ニ・ニャ行、チ・チャ行、ジ・ジャ行）：にんにく、こんにゃく、しんちょう、オレンジ
		後ろに軟口蓋音（カ行、ガ行）：ピンク、ほんこん、にんげん

＊【聞いてみよう】の答え：A　講義は、ぜんぜんわからなかった。

第 2 章　日本語のリズム

续表

	発　音	単　語　例
「ん」の後ろに口を閉じない音が来る時	後ろに母音、接近音（半母音）、摩擦音が来る時、「ん」の発音は、口にも鼻にも同時に空気が通る音になります。	母音：れんあい、こんいん、ぜんいん、きんえん 接近音：かんわ、ワンワン、こんや、おんよみ 摩擦音：おんせい、せんせい、あんしん、けんしゅう

国際交流基金（2009）を参考にした。

練　習

1. まず録音を聞いて、下線の部分に仮名を書いてください。次に発音の練習をしましょう。（録音−2−09）

あん	すん	___	てん	そん	___	めん	りん
___	きん	じん	___	ぱん	もん	___	わん
うん	___	にん	たん	___	ぺん	ばん	___
ずん	れん	___	はん	けん	___	ぴん	びん
___	いん	まん	___	よん	つん	___	ざん
えん	___	しん	さん	___	ひん	みん	___
へん	やん	___	ごん	ろん	___	るん	でん
___	ぜん	だん	___	どん	ぶん	___	ぷん

2. 録音を聞きながら、以下の単語をリピーティングしましょう。ペアになって、お互いの発音を聞いてみましょう。（録音−2−10）
   - 関心（かんしん）　　会心（かいしん）　　家臣（かしん）　　監視（かんし）
   - 温泉（おんせん）　　音声（おんせい）　　汚染（おせん）　　横線（おうせん）
   - 先進（せんしん）　　精神（せいしん）　　戦士（せんし）　　青春（せいしゅん）

第 4 節　長音

　日本語の長音とは、すぐ前の母音を長く発音することを意味します。「あいうえお」の5つの母音はすべて長く発音することができます。伸ばされた母音は「長母音」と呼ばれることもあります。たとえば、「かあさん」の場合には、「か（ka）」に含まれる母音「あ（a）」を長く発音します。しかも、「か」と「あ」の間には切れ目（ポーズ）はなく、連続して発音されます。

　長音はカタカナで書くと「ー」の記号をつけて表記されます。たとえば、以下のようなもの

があります。(録音−2−11)

■ 例：カーブ　チーム　クール　セーフ　ノート ■

　長音はひらがなで書く時は少し難しいです。表記と発音が違うことがあるので、気をつけましょう。
　「ア段」の母音を伸ばす時は、「おかあさん」のように「あ」で表します。
　「イ段」の母音を伸ばす時は、「おにいさん」のように「い」で表します。
　「ウ段」の母音を伸ばす時は、「すうがく」のように「う」で表します。ただし、「すう」と書いても、文字通り「すう」と発音されるわけではありません。「す」を発音する時の口の形のままで、もう1拍長く伸ばすように発音します。
　「エ段」の母音を伸ばす時は、「おねえさん」などの一部の語を除いて、「い」という文字が使われるのが普通です。「英語(えいご)」や「警察(けいさつ)」のように、[ei]という発音ではなく、長音[e:]と発音されます。
　「オ段」の母音を伸ばす時は、「大阪(おおさか)」や「多い(おおい)」「大きい(おおきい)」などの一部の語を除いて、「う」という文字が使われるのが普通です。このため、「おとうさん」と書いても、文字通り「とう」と発音されるわけではなく、「と」を長く発音するのです。
　また長音を練習するとき、長音と短音のミニマルペアを利用して、日本語の長短感覚を理解したうえで、発音を練習する必要があります。以下では、長音があるかどうかで意味が変化する語のペアがあります。たとえば、(録音−2−12)

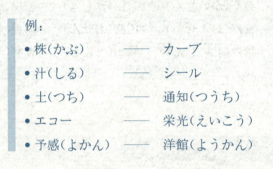

　長音は日本語らしい発音として非常に重要なもので、例のように意味の違いにも関係しています。十分に長く発音することを心掛けましょう。日本語の長音と短音をよりよく理解するには、音響分析ソフトを利用した可視化方法が有効でしょう。本教材の付録は音響分析を利用した音声視覚提示方法を紹介しています。音響分析図から音声の長短を目で確認し、モデル音声を聞きながら、発音を練習することをお勧めします。ぜひ【付録2】をご参考ください。
　以下では、手の動きを利用した長音の練習方法を紹介します。

第2章 日本語のリズム

長音の練習方法

「えいご」を発音する時、イラストのように両手を合わせて、長音を発音する時は、両手を離してみましょう。

え　　　　い　　　　ご

戸田(2004)を参考にした。

ただし、「わたあめ(綿飴)」、「しいれ(仕入れ)」、「ふうう(風雨)」、「さとおや(里親)」の場合は、「たあ」、「しい」、「うう」、「とお」が長音ではないので、「た」と「あ」、「し」と「い」、「う」と「う」、「と」と「お」の間に若干切れ目(ポーズ)がある感じで発音されます。

練習

1. 長音の表記を考えながら、下記の単語を発音してみてください。(録音－2－13)

    「ア段＋あ」　　おかあさん、おばあさん、まあまあ、ザーザー
    「イ段＋い」　　おじいさん、おにいさん、ちいさい、しいたけ
    「ウ段＋う」　　くうき、ふうふ、つうがく、すうがく
    「エ段＋い」　　えいが、とけい、せいと、ていねい
    　　(例外)エ段＋え：おねえさん、ええ(返事)
    「オ段＋う」　　おうふく、こうかん、おはよう、のうそん
    　　(例外)オ段＋お：おおきい、とおい、こおり、おおかみ

2. 「えいご」は[e:]なのか[ei]なのか、「とけい」は[ke:]なのか[kei]なのか、日本人の友達に発音してもらって、考えてみてください。

【コラム　俳句と川柳】

日本人が好むリズムとして「五七五」や「七五調」と呼ばれるものがあります。俳句も川柳も同じ＜五・七・五＞の17音定型詩です。俳句は日本独自の短詩型文芸で、川柳も同形式の短詩ですが、日常生活を題材に世態や人情などを描写するものです。両者の間には、主に以下の2点の違いがあります。

＜形式的違い＞
- 俳句には、＜季語＞が必用ですが、川柳では特にこだわりません。
- 俳句には、＜切れ字＞が必用ですが、川柳では特にこだわりません。
- 俳句は主に＜文語＞表現ですが、川柳は＜口語＞が普通です。

＜内容的違い＞
- 俳句は、主に自然を対象に詠むことが中心ですが、川柳では、人事を対象に切り取ることが中心です。
- 俳句では、詠嘆が作句のもとになり「詠む」といいますが、川柳では、詠ずるのではなく「吐く」「ものす」などといいます。

有名な俳句としては、以下のようなものがあります。（録音－2－14）

古池や　　　　蛙飛び込む　　　　水の音
閑さや　　　　岩にしみ入る　　　蝉の声

お年寄りの生活を描いた川柳もあります。たとえば、（録音－2－15）

あさおきて　　ひるねをしたら　　もうよるだ
びょういんで　げんきにはなす　　おばあさん

【ゲーム　自己流川柳を作ろう】

　日本語の俳句や川柳は＜五・七・五＞の17音リズムであると言われているが、これは拍の数を表している数字です。日本語で俳句や川柳を作ることは、日本語の言葉を拍で数えてみるいい練習になります。

　それでは、拍を数えて、自分の川柳を作ってみましょう。

例）半年後　　　／　職があるかが　　／　心配だ
- 半年後　　　／ ＿＿＿＿＿＿＿　／ ＿＿＿＿＿＿＿
- 十年後　　　／ ＿＿＿＿＿＿＿　／ ＿＿＿＿＿＿＿
- 今年から　　／ ＿＿＿＿＿＿＿　／ ＿＿＿＿＿＿＿
- ＿＿＿＿＿　／ ＿＿＿＿＿＿＿　／ ＿＿＿＿＿＿＿

第5節　フット

　第1節〜第4節までは日本語の拍を紹介しました。単語などを全部1拍ずつに分けて、1つ1つの拍の長さに気をつけながら発音するというリズムの練習方法でした。このような方法は初級レベルの学習者にとって、拍を1つ1つ数えながら発音練習することで、日本語の音と拍の関係を理解する助けになります。しかし、中級以上の学習者では、長い文章をできるだけ自然に発音したい、その中で拍にも気をつけたい、という場合には、拍を1つ1つ区切って練習するのは大変です。

　そこで、日本語の「2拍フット」のリズムを使った練習方法を紹介したいと思います。たとえば、

　2拍をひとつのまとまりで発音すると、1拍をひとつのまとまりで発音するより自然に聞こえます。「こ/ん/に/ち/は」より、「こん/にち/は」のほうがまとまった発音になります。

　まずは、「フット」という言葉について簡単に説明しましょう。「フット」は英語の「foot」から来ている言葉です。日本語で「脚」と訳されることもありますが、一般的にはそのまま「フット」と呼ばれています。「フット」とは、簡単に言うと、「その言語のリズムのもとになる単位」と定義できます。これは日本語だけでなく、いろいろな言語に存在すると考えられています。たとえば、英語の場合は、強い音から強い音までがフットになっていて、これがだいたい同じぐらいの間隔で現れて、リズムのもとになっています。

　それでは、日本語の場合は、何がリズムのもとになっているのでしょうか。日本語では、2つの拍が一緒になって、2拍のまとまりが「フット」になり、リズムを作っていると考えられています。この日本語のリズムのもとになる2拍のまとまりを、「2拍フット」と呼びます。しかし、2拍ずつをどのように組にするかは少々複雑です。たとえば「ごめんなさい」という言葉は、「ごめ/んな/さい」ではなく、「ご/めん/な/さい」のようにまとめられます。つまり、どの拍とどの拍が先に結びついてフットになるかという優先順位が存在しているわけです。

> **日本語フットの規則**
>
> 優先順位1:「○ー」「○ッ」「○ン」「○母音」「です/ます」のまとまり
> 　　　　　→最初に2拍フットにまとめられます。
> 優先順位2:それ以外の拍は隣り合う2拍ずつ
> 　　　　　→次に2拍フットにまとめられます。
> 余った拍は、1拍で「半分」のフットになります。
>
> 　　　　　　　　　　　　　　　　　　　　　　田中等(1999)を参考にした。

　日本語を話す時には、拍のリズム単位よりフットのリズム単位のほうが自然に聞こえることが多いので、指で机をたたいたり、手をたたきながら、リズミカルに発音してみましょう。

図2-1

　▢は1拍分、⬭は2拍分(1フット)で、「おばさん/おばあさん」「おじさん/おじいさん」「びょういん/びよういん」を表すと、次のようになります。指で机をたたいたり、手をたたきながら、リズムを取ってください。難しいと言われる発音も、このようにリズムを取ると、発音できるようになります。（録音－2－16）

```
　⬭　　⬭　　　　　　⬭　▢　⬭
おば・さん　　　　　　お・ばあ・さん
おじ・さん　　　　　　お・じい・さん
びょう・いん　　　　　び・よう・いん
```

練習

　以下では国名や地名と、フットの規則と線で結んでください。そして発音してみてください。ペアになって、お互いの発音を確認してみましょう。（録音－2－17）

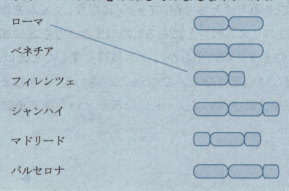

ローマ
ベネチア
フィレンツェ
シャンハイ
マドリード
バルセロナ

一、語の短縮

　日本語では複合語や人の名前などの長い単語が短縮されます。複合語の前部と後部の語頭、人の名字と名前から、それぞれ2拍1フットずつ並べて発音するのが最も一般的です。さらに、「あけおめ」や「メリクリ」などの若者言葉も登場しています。
　よく使われる短縮語を以下に挙げました。次の例を見て、短縮される前と後の形を比べてみましょう（（　　）の中は省略される部分を表しています）。（録音－2－18）

複合語の場合
- がく(せい)　しょく(どう)　→　がくしょく/がっしょく（学食）
- しゅう(しょく)　かつ(どう)　→　しゅうかつ（就活）
- リモ(ート)　コン(トロール)　→　リモコン
- セク(シュアル)　ハラ(スメント)　→　セクハラ
- ファミ(リー)　レス(トラン)　→　ファミレス
- プリ(ント)　クラ(ブ)　→　プリクラ
- ポケ(ット)　モン(スター)　→　ポケモン（アニメのキャラクター）

有名人の名前の場合
- はし(もと)　りゅう(たろう)　→　はしりゅう［橋本龍太郎：元総理］
- きむ(ら)　たく(や)　→　キムタク［木村拓哉：歌手/俳優］
- まつ(もと)　じゅん　→　マツジュン［松本潤：歌手/俳優］
- さと(う)　えり(こ)　→　サトエリ［佐藤江梨子：タレント］
- かつ　しん(たろう)　→　かつしん［勝新太郎：俳優］
- やす(し)　きよ(し)　→　やすきよ［横山やすし・西川きよし：元漫才師］

若者言葉の場合
- あけ(まして)　おめ(でとう)　→　あけおめ
- メリ(ー)　クリ(スマス)　→　メリクリ

二、曜日の言い方

　曜日をいくつかあげる時、よく下の(1)のように「曜日」の部分が省略されます。しかし、実

際に月曜日から日曜日まで7つを列挙して発音するときには、(1)のようには発音せず、(2)のように2拍ずつにまとめて発音します。もともと1拍の「火」(か)と「土」(ど)の部分が「かー」「どー」のように、ちょうど長音が1拍加えられた長さになるのです。これは、他の5つの曜日の2拍1フットと長さを合わせて、整ったリズムにしようとするためです。(録音－2－19)

(1) げつ 、か 、すい 、もく 、きん 、ど 、にち
(2) げつ 、かー 、すい 、もく 、きん 、どー、にち

たとえば、「毎週、かー、どーはとても忙しいんです。」と発音するのです。「毎週、か、どはとても忙しいんです。」とは言いません。ただし、一日だけを言う時はやはり「曜日」をつけて言います。「かーようび」や「どーようび」にはなりません。

また、例外的に「土日」という表現は、「土」の部分が引き伸ばされずに「ど・にち」となる傾向があります。これは「週末」を意味する複合語になるためだと思われます。

練習

1. 録音を聞いて、曜日を書いてください。どれが1拍から2拍に変わりましたか。(録音－2－20)

   例：火・木・土(かー・もく・どー)

   (1) ＿＿＿＿＿＿＿＿＿＿＿＿＿＿
   (2) ＿＿＿＿＿＿＿＿＿＿＿＿＿＿
   (3) ＿＿＿＿＿＿＿＿＿＿＿＿＿＿

2. 次の曜日のまとまりを2拍1フットというリズムに注意して発音してみましょう。
   (録音－2－21)
   (1) 日・月・火　　　(2) 金・土・日　　　(3) 火・木・土

3. 以下の表に、あなたの一週間のスケジュールを書き込んでください。

	月	火	水	木	金	土	日
午前							
午後							

   まず、友達とペアになって、一週間のスケジュールについて話し合いましょう。

   例：A：日本語の授業は何曜日？
   　　B：火・木・金。

> 次に、友達と映画を見に行く約束をしてください。二人で話し合って、都合の合う日を見つけましょう。
> 例：A：あの映画、面白そうね。見に行かない？
> 　　B：いいね。いつ行く？
> 　　A：月曜日はどう？
> 　　B：月・火は授業があるので、だめなのよ。
> 　　…

三、数字の伸長

電話番号などで、いくつかの数字を列挙するときも、2拍ごとにまとめられる傾向があります。たとえば、235－0452という電話番号の場合は、もともと1拍の「2」(に)と「5」(ご)が、「にー」「ごー」という2拍のリズムになります。（録音－2－22）

2	3	5	－	0	4	5	2
/にー/	さん	/ごー/	(の)	/れー/	よん	/ごー/	/にー/

また、「1、3、5、7、9」の奇数の羅列が、「いち/さん/ごー/なな/きゅう」となるのに対して、偶数は次のように発音されます。（録音－2－23）

(1) にー　　しー　　ろく　　はち　　じゅー
(2) にー　　しー　　ろー　　はー　　とー
(3) にの　　しの　　ろの　　はの　　とー

どの方法でも言うことができますが、いずれにしても数字を列挙するときは、何らかの方法で2拍1フットずつにまとまるように調整されているのです。

練習

1. 録音を聞いて、例のように電話番号を書いてください。どれが1拍から2拍に変わったか考えましょう。（録音－2－24）
例：03－2759－5452（ゼロさんの　にーななごーきゅうの　ごーよんごーにー）

(1) _____
　　(2) _____
　　(3) _____
2. 友達とペアになって、お互いに携帯番号を聞きましょう。
　　例：Q：携帯の番号を教えてください。
　　　　A：いいよ、私の携帯の番号は_____です。
3. 次の数字を記入してください。そして、リズムに気をつけながら発音してみてください。
　　銀行の口座番号：091 - 3385642
　　受験番号：_____
　　教室番号：_____
　　わたしのラッキーナンバー：___　___　___
　　カウントダウン：新年まであと10秒。
　　　　　　　　10、9、8、7、6、5、4、3、2、1、あけまして、おめでとう！

【コラム　日本語の語呂合わせ】

　日本語の「5円」と「ご縁」の発音が似ているため、よいご縁が訪れるように、普段から5円玉を持ち歩く人がいるらしいです。おせち料理の素材としてよく使われる、黒豆（まめに暮らす）、昆布（よろこぶ）、鯛（めでたい）なども、縁起の良い言葉と発音が似ています。このようなことを語呂合わせといいます。

　語呂合わせとは、文字を他の文字に置き換えて縁起担ぎを行うものや、数字列の各々の数字や記号に連想される・読める音を当てはめ、意味が読み取れる単語や文章に置き換えることを指します。電話番号や暗証番号、数字など元の数字列が意味する事象を暗記する場合に使われます。

　たとえば、数字の場合は、893「ヤクザ」、18782「嫌な奴」、4649「よろしく」、648「虫歯」、450「よごれ」、931「くさい」、0840「おはよう」、724106「何してる」、49「至急」、888「ハハハ」、889「早く」、0906「遅れる」、3470「さよなら」と表すことができます。

　歴史の年代を覚える時には、1192年に鎌倉に幕府を開く「いい国作ろう　鎌倉幕府」、1333年に鎌倉幕府が滅亡する「一味散々　鎌倉滅亡」というようになります。

【ゲーム　しりとり】

　日本語の発音ゲームをしてみましょう。前の人の言った言葉の最後の仮名から次の言葉を始めてください。すでに言ったことのある言葉、または「ん」で終わる言葉を言った人が負けです。

　たとえば、にほんご → ごちそう → うみ → みち → ちから → ラジオ → おとうと → とけい → いえ → えいご → ごはん（負け）

第3章　日本語の話し言葉の音声特徴

学習目標

1. 話し言葉と書き言葉の音声的相違を比較します。
2. 話し言葉の音声特徴を理解します。
3. 話し言葉における発音を練習します。

【考えてみよう】
　日常生活会話において、「わかんない」とか、「忘れちゃった」などよく耳にします。どういう意味でしょうか。どういう場合に使いますか?

　「わからない→わかんない」、「忘れてしまった→忘れちゃった」のように、普段われわれが教室で習っている日本語と、一歩教室を出て日本人と話す日本語との違いを感じたことがありますか。「わかんない」や「忘れちゃった」などは日本語の話し言葉で、書き言葉とは発音がときどき違います。書き言葉は主に文章を書く時に用いられる言葉の形式で、真面目できちんとした印象を与えます。一方、話し言葉は主に話す時に使われる言葉の形式で、書き言葉より砕けた印象を与えます。たとえば、仲の良い友達と話す時には「わかんない」などを使いますが、先生や上司などの目上の人に対しては「わかりません」を使ったほうがいいでしょう。場や相手の人によって、両者をきちんと使い分ける必要があります。
　この章では、話し言葉における発音の変化に注目してみたいと思います。まず発音変化の分類を紹介しましょう。日常よく使われている話し言葉を以下の表にまとめてみました。表の中の言葉を見たことがありますか。それぞれどういう意味でしょうか。

表 3-1

グループA 拗音化	グループB 「い」の脱落	グループC 母音融合	グループD 撥音化
～(な)きゃ ～(なく)ちゃ ～じゃ ～ちゃう ～じゃう	～てる ～でる ～てく ～でく	～とく ～どく ～たげる ～だげる ～たる ～だる	わかんない いいんです

戸田(2004)を参考にした。

この章ではまず以上の表にまとめられた話し言葉の音声特徴について紹介します。次に、それ以外によく使われている話し言葉の表現についても紹介します。

一、グループA——話し言葉の拗音化

1. ～(な)ければ　→　～(な)きゃ(録音－3－01)

  ・宿題をしなければ　　　→　宿題をしなきゃ
  ・朝早く起きなければ　　→　朝早く起きなきゃ
  ・病院へ行かなければ　　→　病院へ行かなきゃ

2. ～(なく)ては　→　～(なく)ちゃ

  ～では　　　　→　～じゃ(録音－3－02)

  ・芝生に入っては困る　　　　　→　芝生に入っちゃ困る
  ・大声でしゃべってはいけない　→　大声でしゃべっちゃいけない
  ・仕事は最後までやらなくては　→　仕事は最後までやらなくちゃ
  ・徹夜しなくては合格できない　→　徹夜しなくちゃ合格できない
  ・勝手に会社を休んでは駄目だよ　→　勝手に会社を休んじゃ駄目だよ
  ・このままでは卒業できないよ　→　このままじゃ卒業できないよ

3. ～てしまう　→　～ちゃう

  ～でしまう　→　～じゃう(録音－3－03)

  ・財布を忘れてしまった　　　　　→　財布を忘れちゃった
  ・社長にばれてしまいそうだ　　　→　社長にばれちゃいそうだ
  ・荷物を送ってしまおうと思った　→　荷物を送っちゃおうと思った
  ・電車のドアにかけ込んでしまった　→　電車のドアにかけ込んじゃった

二、グループB──話し言葉の「い」の脱落

1. ～ている　→　～てる

   ～でいる　→　～でる（録音－3－04）

   - 友達と話し<u>てい</u>る人　　　　　　　→　友達と話し<u>て</u>る人
   - 手紙を読ん<u>でい</u>る　　　　　　　　→　手紙を読ん<u>で</u>る
   - ここで待っ<u>てい</u>てください　　　　→　ここで待っ<u>て</u>てください。
   - 本を読ん<u>でい</u>たら、昔の写真が出てきた　→　本を読ん<u>で</u>たら、昔の写真が出てきた

2. ～ていく　→　～てく

   ～でいく　→　～でく（録音－3－05）

   - 今日は雨だから、傘を持っ<u>てい</u>く　　→　今日は雨だから、傘を持っ<u>て</u>く
   - 坂道をゆっくり登っ<u>てい</u>こう　　　　→　坂道をゆっくり登っ<u>て</u>こう
   - 彼女は泣きながら、帰っ<u>てい</u>った　　→　彼女は泣きながら、帰っ<u>て</u>った
   - 事件は思わぬ方向へ進ん<u>でい</u>った　　→　事件は思わぬ方向へ進ん<u>で</u>った

三、グループC──話し言葉の母音融合

1. ～ておく　→　～とく

   ～でおく　→　～どく（録音－3－06）

   - 野菜を切っ<u>てお</u>く　　　　　　　　→　野菜を切っ<u>と</u>く
   - 事前に予約し<u>てお</u>く　　　　　　　→　事前に予約し<u>と</u>く
   - この提案も考え<u>てお</u>きます　　　　→　この提案も考え<u>と</u>きます
   - 夏の前にエアコンを直し<u>てお</u>いた　→　夏の前にエアコンを直し<u>と</u>いた

2. ～てあげる　→　～たげる

   ～であげる　→　～だげる

   ～てやる　→　～たる

   ～でやる　→　～だる（録音－3－07）

   - 母にケーキを焼い<u>てあ</u>げた　　　　→　母にケーキを焼い<u>た</u>げた
   - 本ができたら、読ませ<u>てあ</u>げる　　→　本ができたら、読ませ<u>た</u>げる

- タクシーを呼んであげるから、ここで待ってて → タクシーを呼んだげるから、ここで待ってて
- メガネ、捨ててやるか → メガネ、捨てたるか

四、グループD——話し言葉の撥音化

1. ら、り、る、れ → ん（録音－3－08）
   - 難しくて、わからないよ → 難しくて、わかんないよ
   - 食べられなくて、残ってしまった → 食べらんなくて、残ってしまった
   - どれだけ待ったか → どんだけ待ったか
   - まだお金が足りないよ → まだお金が足んないよ
   - あんたも来るの → あんたも来んの

2. の → ん（録音－3－09）
   - 雨が降らなかったので、出かけた → 雨が降らなかったんで、出かけた
   - 旅行の時に買ったのです → 旅行の時に買ったんです

グループAには拗音化、グループDには撥音化が起こっています。グループBは「い」の脱落、グループCは母音の融合が関わっています。グループA～Cは拍数が減る音変化ですので、「縮約形」といいます。しかし、グループDは音変化の前後において、拍数は変わりませんので、厳密には「縮約形」とは呼びません。

グループA	なければ	4拍	なきゃ	2拍
	ては	2拍	ちゃ	1拍
	てしまう	4拍	ちゃう	2拍
グループB	ている	3拍	てる	2拍
	ていく	3拍	てく	2拍
グループC	ておく	3拍	とく	2拍
	てあげる	4拍	たげる	3拍
	てやる	3拍	たる	2拍
グループD	ら/り/る/れ	1拍	ん	1拍
	の	1拍	ん	1拍

以上の4つのグループ以外にも、会話の時に言葉の変化がよく現れます。これらの表現は書き言葉とは違って、会話にしか現れません。たとえば、（録音－3－10）

書き言葉		話し言葉
• ほんとうに	→	ほんとに
• すみません	→	すいません
• ありがとう	→	ありがと
• すごい	→	すーごい、すんごい、すっごい
• とても	→	とっても
• かるい	→	かるっ
• おもい	→	おもっ
• いいです	→	いいっす
• そうかもしれない	→	そうかも

練 習

1. 下線部分の発音に注意して、友達とペアになって発音してみましょう。(録音—3—11)

   (1) 会社員A　さっきバスに<u>乗ってる</u>時に、財布を<u>盗まれちゃった</u>みたい。

   　　会社員B　えっ？<u>ほんとに</u>？いくら<u>入ってた</u>？

   (2) 友達A　いやだな、今日は宿題の作文を<u>書かなきゃならない</u>んだ。

   　　友達B　しょうがないな、僕も<u>考えたげる</u>よ。

   (3) 泥棒A　もうやめようよ、<u>気付かれちゃう</u>よ。

   　　泥棒B　大丈夫だから、裏のドアはもう<u>開けといた</u>から、君はそこから入れ！

   (4) 母　どう？今日のカレーはおいしい？

   　　子　うん、<u>すんごく</u>おいしい、ママのカレーは<u>世界一かも</u>。

2. グループになって、自分の失敗話について話し合いましょう。

   たとえば、(1) 仕事で<u>失敗しちゃった</u>。

   　　　　　(2) 友達のミスを<u>笑っちゃった</u>。

   　　　　　(3) お酒を全部<u>飲んじゃった</u>。

   ヒント：「～ちゃった」のリズムに気をつけましょう。以下の図を見ながら、話に出そうな「～ちゃった」を練習しておくといいでしょう。

失敗しちゃった　　　　　笑っちゃった　　　　　飲んじゃった
しっ/ぱい/し/ちゃっ/た　　わ/らっ/ちゃっ/た　　のん/じゃっ/た

【コラム　ら抜き言葉】

「寝られる―寝れる」、「見られる―見れる」、「食べられる―食べれる」、「来られる―来れる」などの可能表現には、「ら」を含んでいないことから「ら抜き言葉」と呼ばれています。砕けた会話にはよく現れますが、これが日本語の乱れだと言う人がいます。もともとは関西地方の方言だそうですが、関東地方における「ら抜き言葉」の使用は大正期から始まっています。しかし、この傾向は日本政府の教育方針のもとで抑制されてきました。「ら抜き言葉」の許容範囲は人によって相当差が大きいようです。「見れる」はいいけど「信じれる」はだめな人もいれば、話し言葉なら許せる人、否定形なら許せる人もいます。われわれ日本語学習者にとっては、フォーマルな会話あるいは文章を書く場合は、やはり使わないほうが無難でしょう。

第4章　日本語のアクセント

> **学習目標**

1. 日本語、英語と中国語のアクセントを比較します。
2. 日本語のアクセントの特徴、表記、種類、法則、機能と視覚化を理解します。
3. 単純名詞、人名、複合名詞のアクセント規則を理解し、練習します。
4. 単純形容詞、形容詞活用形、複合形容詞のアクセント規則を理解し、練習します。
5. 単純動詞、動詞活用形、複合動詞のアクセント規則を理解し、練習します。
6. 文中におけるアクセントの変化を理解し、練習します。

第1節　アクセントの基本概念

　日本語では、「アクセント (accent)」という言葉は言語学だけでなく、日常生活のさまざまな場面で使われています。「アクセント」の本来の意味としては、単調さを避けるために特に強調することで用いられています。たとえば、

- このシャツでは、襟の形にアクセントを置く。
- きらきらしたブローチがアクセントになっていて、とてもきれいだ。
- 真っ白なカーテンだが、ちょっとアクセントをつけると随分イメージが違ってくる。

　音声学において「アクセント」という言葉は、おもに「単語が本来持っている際立ちのパターン」という意味で使われています。際立ちのパターンとしては単語の中に現れる音の高低・強弱・長短の型が挙げられます。アクセントがないと発話がとても平坦で単調に聞こえてしまうし、コミュニケーション上で単語の意味が変わったり、単語の切れ目がわかりにくくなったりして、話し手と聞き手の意味伝達・理解にまで支障をきたす可能性があるのです。

第4章　日本語のアクセント

> 【考えてみよう】
> 　言葉のアクセントとはどういうものなのか、考えてみましょう。以下の言語のアクセントはどうなっていますか。
> 　英語の場合　　　　　　English　　　［ˈɪŋglɪʃ］
> 　中国語の場合　　　　　汉语(hànyǔ)　［xanjy］

　まず、英語の場合を考えてみましょうか。

English　［ˈɪŋglɪʃ］

　Englishという単語の場合、最初の"e"の音にアクセントが置かれています。アクセントが置かれた"e"の音は、アクセントが置かれていない部分に比べると、より強く、高く、長く、はっきりした音色で発音されます。もしこれを、後ろの母音の"i"にアクセントを置いて、［ɪŋˈlɪʃ］と発音したら、とても不自然な発音に聞こえるでしょう。

　それでは、英語ではEnglishという単語はなぜ、［ɪŋˈlɪʃ］ではなく［ˈɪŋglɪʃ］と発音されるのでしょうか。これは、特に理由はありません。英語母語話者から見れば、家では両親、学校では友達、みんな［ˈɪŋglɪʃ］と発音するから、子供のころから［ˈɪŋglɪʃ］と発音しているのでしょう。このように、アクセントが特に理由はないけれど、そう決まっているということを「恣意的」であると言います。英語の単語の場合は、どの部分を強く発音するかは習慣で決まっているのです。

　次に、中国語の例を見てみましょう。

汉语　「hànyǔ」

　中国語も英語と同じように恣意性を持っています。「汉语」はなぜ「hànyǔ」と発音されるのか、特に理由はありません。単語には決まったパターンがあり、間違うと意味がよくわからなかったり、誤解されたりすることもあります。たとえば、「hànyǔ」が「hányǔ」で発音される場合は、「韩语」と理解される可能性があります。

　例のように、「汉语」の「汉」(hàn)の部分は高い音から低い音への下降調で発音されますし、「语」(yǔ)の部分は一旦低く下がって、再び上がるように発音されます。中国語の場合は、「汉」(hàn)と「语」(yǔ)というそれぞれの音節(あるいは漢字)について、どう発音するかが決まっています。このように、単語ではなく、音節ごとに決まっている高低のパターンを「声調(tone)」と言います。

　中国語共通語には4パターンの声調があると言われています。それは、陰平(第1声)［妈

ma^{55}]、陽平(第2声)[麻 ma^{35}]、上声(第3声)[马 ma^{214}]、去声(第4声)[骂 ma^{51}]です。それぞれ「母」、「麻」、「馬」、「罵る」を意味します。

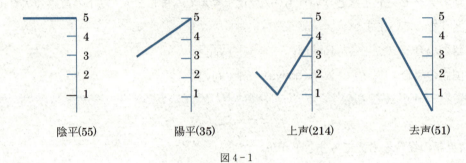

陰平(55)　　陽平(35)　　上声(214)　　去声(51)

図4-1

このように、単語のそれぞれの音節に高さのパターンが決まっている声調言語は、中国語のほかに、タイ語、ベトナム語などがあります。ただし、タイ語、ベトナム語の声調は中国語と違って、それぞれの単語の声調は、文字を見ればわかるようになっています。

一、日本語アクセントの特徴

英語のアクセントと中国語の声調を紹介しましたが、日本語のアクセントはどのような特徴を持っているのでしょうか。

まず、日本語ではアクセントが異なると、発音の仕方にどのような違いがあるのかを考えてみましょう。次のAとBのアクセントはどう違いますか？

図4-2

図4-2からもわかるように、Aは「低高低」、Bは「高低低」という高さで発音されます。このように日本語では、アクセントの違いは拍の相対的な高低の違いとして実現されます。そのため、日本語のアクセントは高低アクセントまたはピッチアクセントであると言われます。

それから、英語や中国語と同じように、日本語アクセントも恣意的で、単語ごとにアクセントが決まっています。つまり、原則的には、日本語母語話者のようなアクセントで話そうと思ったら、われわれ学習者はそれぞれの単語についてアクセントを覚えるしか方法がないのです。しかし、後でも紹介しますが、形容詞や動詞など一部の品詞のアクセントは規則が決まっていて、推測できるようになっています。

日本語アクセントの特徴をまとめてみると、次のようになります。

日本語アクセントの特徴

1. 日本語のアクセントは、拍と拍の相対的な高低の違いによって実現されています。
2. アクセントの位置は、それぞれの単語によって違います。どこにアクセントが置かれているかは、単語を見ただけではわかりません。日本語を勉強する時には、単語のアクセントを一つ一つ覚えるしかありません。

二、日本語アクセントの表記

「アクセントは目に見えないもので、どのように表したらよいのでしょうか」という疑問を抱いている人がいるかもしれません。ここでは、アクセントの表記法を紹介しましょう。

日本語では、アクセントが高い所から低い所まで下がることをアクセントの下がり目と言います。この下がり目があるかないか、あるとしたらどこにあるかが、単語ごとに決まっています。この下がり目のことをアクセント核と言います。われわれはアクセント核の位置を示すことで、アクセントを表しているのです。それで、学習者は日本語のアクセントを覚える場合、どこで下がるかというアクセント核の位置を覚えることになります。

アクセントの下がり目（アクセント核）を示すには、次の10種類の表記法があります。三拍の動詞「わかる」を例にすると、そのアクセントを以下のような方法で表すことができます。単語「わかる」ではアクセント核が「か」にあります。

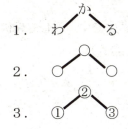

4. ２型
5. －２型
6. わか˺る
7. わかる

8. わ￣かる
9. わかる
10. わか＼る

いずれも「アクセント核」の位置を明確に示していることがわかります。用途によって使い分けられています。本書では下線のある4番のプラス数字（単語の語頭から数えて、何拍目にアクセント核があるか）、5番のマイナス数字表記（単語の語末から数えて、何拍目にアクセント核があるか）と、6番の「˺」（IPAのアクセント記号）の表記法を使用します。

【コラム　日本語アクセントの新表記】

　2016年5月に出版された『NHK日本語発音アクセント新辞典』(以下、『新辞典』)はNHK放送文化研究所が改訂作業を行ない、1998年版よりすでに18年の歳月が経っています。『新辞典』の編集・改定期間は8年間で、今回の改定方針は「日本語の現状を正確に把握したうえで、放送でどういった基準を打ち立てるのが、今生きている人たちにとって最善なのか」を提案することです。

　改定に際して、NHKアナウンサーを対象としたアクセント使用現状をめぐる大規模な調査が行われました。その調査結果に基づいて、4400個以上の新単語が追加され、約3300個の単語アクセントが変更されました。『新辞典』の収録単語数はおよそ7万5千語に達し、1998年版より6千語以上増えました。

　『新辞典』の最も顕著な変化はアクセントの表記法です。旧版と比べると、『新辞典』においては、ピッチ下降位置だけを示すアクセント記号が使用されています。改定理由は自然な発音の決め手はピッチの下降位置であり、音の上がり目ではないということです。

> **アクセントの新表記法**
> 旧：ハナ⌐ス ➡ 新：ハナ\ス (\は音の下がり目)
> 旧：ジテン ➡ 新：ジテン― (音の下がり目がない)

　『新辞典』は改定されたばかりなので、今のところ新表記法はまだそれほど普及されていないようですが、今後さまざまな場面で使われるでしょう。

三、日本語アクセントの種類

　東京語のアクセント型は大きく分けると平板式と起伏式の2種類です。そして起伏式は、頭高(あたまだか)型、中高(なかだか)型、尾高(おだか)型の3つに分けられます。

> **日本語アクセントの分類規則**
>
> 日本語のアクセントは、単語において下がり目であるアクセント核が
> 1. あるか、ないか
> 2. あるとしたら、どこにあるか
> によって、分類されます。
>
> 国際交流基金(2009)より引用した。

第 4 章　日本語のアクセント

　東京語のアクセントには全部で四つの型があります。3 拍語の名詞を例に挙げると、表 4 - 1 のようになります(「尾高型」と「平板型」の区別を示すため、助詞「が」をつけることにした)。(録音－4－01)

表 4 - 1

アクセント型	平板式(0 型)	起　伏　式		
		頭高型(①型)	中高型(②型)	尾高型(③型)
単語例(3 拍語)	さくらが	み˥かんが	おか˥しが	さしみ˥が

　では、それぞれの単語のアクセントは、具体的にはどのような高低パターンで発音されるでしょうか。次のような4拍の単語で考えてみましょう。

表 4 - 2

アクセント型	高低パターン	高低パターンの図形
頭高型	タ˥タタタ 高―低―低―低	○ 　○―○―○
中高型	タタ˥タタ 低―高―低―低	○ ○　○―○
中高型	タタタ˥タ 低―高―高―低	○―○ ○　　　○
尾高型	タタタタ˥ 低―高―高―高	○―○―○ ○
平板型	タタタタ 低―高―高―高	○―○―○ ○

　窪薗(2006)は、日本語の標準語である東京語アクセントに4つの型しか存在しないのは、ある制約に従っているからだと述べています。

標準語アクセントの制約

1. 語頭では同じ高さが続かない、1 拍目と 2 拍目の高さが違います。
2. 語内で一度下がったピッチは二度と上がりません。

窪薗(2006)より引用した。

しかし日常会話では、制約の1が破られることもあります。それは単語の2拍目が特殊拍あるいは連母音の「い」の場合は、実際の単語アクセントは「低高」から始まるのではなく、「高高」から始まるのです。たとえば、

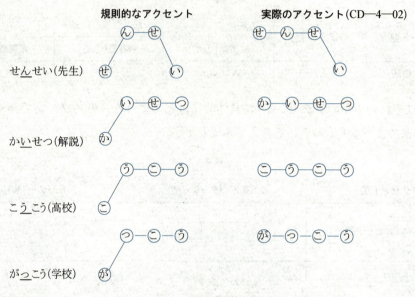

図4-3

以上の場合を除いては、アクセントの制約は強く働いています。本書では、『新明解日本語アクセント辞典』(2014)に基づき規則的なアクセント型を用いて表記しています。

練習

1. 東京語アクセントの制約に従って、以下のアクセント型の中から間違った型を選んでください。

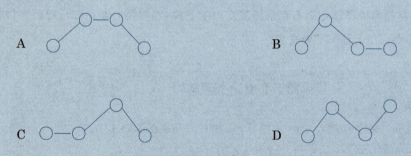

2. いろいろな方法で、日本語アクセントの「高」と「低」を練習してみましょう。（録音－4－03）

方法(1)　首で高低を表しましょう。

方法(2)　「ド」と「ミ」の高さで練習しましょう。

3. 声の高さと長さに注意して、次の言葉を発音しましょう。友達とペアになって、お互いの発音を聞いて確認しましょう。（録音－4－04）

＜1拍語＞

| 平板型 | ひが（日） | はが（葉） | きが（気） |
| 頭高型 | ひ˥が（火） | は˥が（歯） | き˥が（木） |

＜2拍語＞

平板型	はしが（端）	はなが（鼻）	あめが（飴）
頭高型	は˥しが（箸）	い˥きが（息）	あ˥めが（雨）
尾高型	はし˥が（橋）	はな˥が（花）	いけ˥が（池）

＜3拍語＞

平板型	わたしが	なまえが	れきしが
頭高型	に˥もつが	め˥がねが	ひ˥ろばが
中高型	たま˥ごが	あな˥たが	トレ˥ーが
尾高型	おんな˥が	おとこ˥が	

＜4拍語＞

平板型	ちかてつが	ともだちが	もんだいが
頭高型	ま˥いあさが	つ˥うやくが	た˥いいくが
中高型	ふる˥さとが	のみ˥ものが	ひこ˥うきが
中高型	こうじょ˥うが	ふんい˥きが	せんせ˥いが
尾高型	いもうと˥が	いちにち˥が	

四、日本語アクセントの法則

「日本語アクセントの法則」とは、日本語の音韻とアクセントとの関係の法則で、個々の語がなるべく発音されやすいようなアクセントの型をとる法則です。ここでは、『新明解日本語アクセント辞典』(アクセント習得法則)(2014)に基づき、音韻規則による東京語アクセントの法則を紹介しておきます。

(一) 特殊拍とアクセントとの関係

基本的には、長音、撥音、促音のような特殊拍にはアクセント核が置きにくいです。そのため、アクセントの下がり目がそこにくると、その位置が原則として前にずれるようになっています。たとえば、(録音－4－05)

長音の場合：
- げつよう⌐び　→　げつよ⌐うび　（月曜日）
- こうつう⌐ひ　→　こうつ⌐うひ　（交通費）
- コー⌐ナー　→　コ⌐ーナー

撥音の場合：
- かんらん⌐しゃ　→　かんら⌐んしゃ　（観覧車）
- ゆうせ⌐んせき　→　ゆうせ⌐んせき　（優先席）
- セン⌐ター　→　セ⌐ンター

促音の場合：
- じゅういっ⌐こ　→　じゅうい⌐っこ　（十一個）
- せんたっ⌐き　→　せんた⌐っき　（洗濯機）
- カッ⌐プル　→　カ⌐ップル

(二) 連母音とアクセントとの関係

前の拍の母音と一緒になって、連母音のように発音される「イ、ウ、エ」の拍は、アクセント核が置きにくいです。そのため、アクセントの下がり目がそこにくると、その位置が前の拍にずれるようになっています。たとえば、(録音－4－06)

- ならい⌐ → なら⌐い （習い）
- とお⌐い → と⌐おい （遠い）
- はい⌐る → は⌐いる （入る）

（三）母音無声化とアクセントとの関係

　母音の無声化をするような拍（【第1章第1節日本語の母音】を参照されたい）はアクセント核が置きにくくなります。そのため、アクセントの下がり目がそこにくると、その位置が原則として後にずれるようになっています。例えば、連用形が「カ⌐イテ（書いて）」、「ス⌐ンデ（住んで）」というアクセントの型を持つ語の終止形は、動詞活用形の法則により、「カ⌐ク」「ス⌐ム」のように頭高型です。同様に「フ⌐イテ（吹いて）」の終止形も頭高型ですが、フの母音が無声化するために、後の拍にずれて東京の高年層は「フ⌐ク」よりも「フク⌐」と発音されやすいです。また終止形が「ト⌐ル（取る）」、「ミ⌐ル（見る）」というアクセントの型を持つ語の連用形は、「ト⌐ッテ」「ミ⌐テ」と頭高型です。同様に「フ⌐ル（降る）」の連用形も頭高型だが、フの母音が無声化するために、後にずれて東京の高年層では「フ⌐ッテ」よりも「フッテ⌐」と発音されやすいです。

五、日本語アクセントの機能

　日本語のアクセントはどのような機能を持っているのでしょうか。まずは、考えてみましょう。

【考えてみよう】
1. 次のエピソードは、ある外国人留学生から聞いた話がもとになっています。どうしてその友達はびっくりしたのか、考えてください。

　私は、日本人の友達に「こんど家へ遊びにいらっしゃい」と誘われました。「ええ、じゃあ5日しましょう」と私が答えました。
　4日の夜、その日本人の友達に電話して「明日、何時に行けばいいでしょうか」と聞いたら、友達はびっくりして、「いつかとは言ったけれど、明日なんて約束していない」と言いました。

2. 次の会話を見て、どうして先生が最後のあの質問をしたのか、音声を聞いて、考えてみてください。(録音—4—07)

留学生：先生、こんにちは。
先生：お、××君、こんにちは。当番発表の準備はしたかい。
留学生：はい、もうしました。
先生：えっ？ 何を？

1. 「5日」と「いつか」のように、仮名で書いたときは同じ言葉でも、その発音の仕方によって、意味が変わる場合があります。これは、日本語アクセントの一つ目の機能で、意味弁別です。その外国人留学生はアクセントを間違えたせいで、「5日」を「いつか」と発音し、次の行動にまで支障をきたしてしまいました。
2. 留学生の「もうしました」の発音は次のBでした。(録音—4—08)
    A　もうしました。(もう、しました)
    B　もうしました。(申しました)

AとBのアクセントは明らかに違います。Aでは「もう」で一度下がったアクセントが、「しました」で再び上昇することによって、アクセントに溝のような形ができ、二つの山に分かれています。【アクセントの制約】で紹介したように、一つの単語では一度下がったアクセントは二度と上がらないようになっています。そのため、Aのようなアクセントはこの溝によって、2語の境界が示されるのです。つまり、(⌒⌒)のように一度下がったアクセントが再び上がると、そこで「別の単語が始まる」と理解されるわけです。一方、Bでは(⌒)のようにアクセントの山が一つだけ現れて、溝の形は作られていません。これによって、この部分が一つのまとまりであると理解されます。つまり、アクセントによって単語の境界とまとまりが示されるわけです。これは、アクセントのもう一つの重要な機能で、単語の境界表示です。

このように、アクセントには意味弁別と境界表示という二つの機能があるのです。アクセントの意味弁別機能としては、他にも雨(あめ)と飴(あめ)、白(しろ)と城(しろ)のようなペアがアクセントによって区別されます。しかしながら、このような形で意味を区別できる例は、実はあまり多くありません。特に漢語(音読みの単語)の場合には、たとえば、「菓子/歌詞」(かし)、「階段/会談/怪談」(かいだん)などのように、アクセントだけではまったく区別できない単語も多く見られます。むしろ、二つ目の機能である単語の境界を示す働き、すなわち「境界表示機能」のほうがより重要であると言えるでしょう。

練習

1. 友達と相談しながら、アクセント表記を用いて、印をつけてみましょう。そして、意味を考えながら、発音してみましょう。（録音－4－09）

   例：さ⌐け(鮭)を食べた → さけ(酒)を飲んだ
   - 海のかき(牡蠣) → 果物のかき(柿)
   - あめ(雨)が降った → あめ(飴)をもらった
   - はな(花)が鮮やかだ → はな(鼻)が高い
   - かし(菓子)を食べる → かし(貸し)がある
   - はし(箸)を使ってご飯を食べる
     川の上にはし(橋)がかかった
     ノートのはし(端)に名前を書いた

2. 録音を聞いて、聞こえた文を選んでください。それぞれの発音と意味を考えてください。（録音－4－10）

   (1) A　今日買いに行った　　B　今日会に行った　　C　教会に行った
       答え_____
   (2) A　庭には鶏がいる　　B　庭には二羽鳥がいる
       答え_____
   (3) A　親元を離れた　　B　おや? 元を離れた
       答え_____

六、日本語アクセントの視覚化

　アクセントは人間の聴覚印象によって表記できます。しかし、目に見えないし、手で触れることもできません。アクセントは目に見えないので、「どこまで」「どこで」という高さの変化も抽象的で、教師にとっても学習者にとっても捉えにくい項目とされてきました。本書では、音声分析ソフトを使ったアクセントの視覚化を提案します。学習者と日本語母語話者あるいは、学習者同士の単語アクセントのピッチ曲線を比較することで、視覚的にアクセントを学習するという方法です。アクセントの物理的要素を視覚的に提示することで、高さとその変化を客観的に観察し、理解することができるようになり、自律学習にもつながると思います（音声分析ソフトPraatの操作方法は【付録1】を参照してください）。

　たとえば、単語「さくら」、「おか⌐し」、「み⌐かん」のアクセントを抽出してみると、図4－4のようになります。「さくら」のアクセントは平板式で、ピッチ曲線の著しい下降が見えません。そ

れに対して、「おか⌐し」と「み⌐かん」は起伏式アクセントです。また両者の下がり目が異なり、「おか⌐し」は中高型で「か」から下がり、「み⌐かん」は頭高型で「み」から下がるようになっています。このように画面上のピッチ曲線とアクセントの下がる位置を見ながら、音の高低と変化を確認することができます。

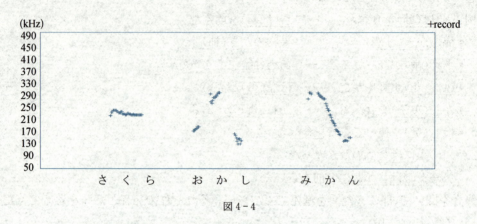

図4－4

【コラム　中国語の声調と日本語のアクセント】

　言語類型学(Language Typology)から見て、日本語と中国語は異なる類型に属していますが、高低アクセントによる意味弁別の面においては共通しています。一方、両言語音の高低変化から見て、それぞれ相違点も持っています。では、中国語の声調と日本語のアクセントはどう違うのでしょうか。まず、次の例を見てください。（録音－4－11）

　　日本語の場合　　復旦大学（ふくたんだいがく）
　　中国語の場合　　复旦大学（fù　dàn　dà　xué）

　アクセントの起伏回数を数えてみてください。どうでしょう。日本語の場合は、2拍目で一回立ち上がって、「だ」の所で下がります。起伏回数は1回しかありません。それに対して、中国語の場合は「fù」で高い音から低い音へ下がり、「dàn」「dà」で繰り返しで立ち上がって下がります。最後に「xué」で立ち上がって、高いピッチに戻ります。このように起伏回数は3回あるのです。どうしてこのような違いが現れたのでしょうか。実は両言語の高低変化の基本としている単位が異なっているのです。日本語は一つの語が一つのアクセントを共有し、ピッチの変化が音節に渡って起こっています（between syllables）。それに対して、中国語の声調は「音節声調」とも呼ばれ、その名のとおり、ピッチ変化が音節内で起こり（within syllables）、一つの漢字が一つの声調を持っているのです。それから、日本語の標準語の制約を思い出して下さい。

① 語頭は同じ高さが続かない、② 語内で一度下がったピッチは二度と上がらない、復旦大学（ふくたんだいがく）のピッチ変化もこのような制約のもとで現れたのでしょう。

　中国語の声調と日本語のアクセントのもう一つの大きな違いはピッチの変動幅にあります。日本語の場合は、HL（H：High、L：Low）の2段階で変動が起こるとよく言われています。中国語の場合は、5つの段階（1、2、3、4、5 低→高）でピッチの変動が起こっているといいます。両者を比べると、日本語の2段階より中国語のピッチ変動段階が多いことがわかります。一般的によく指摘されている中国語話者が日本語を話す時の起伏の激しさも、それが理由の一つであると考えられます。

> **中国語の声調と日本語のアクセントの違い**
> 1. 日本語は一つの語が一つのアクセントを共有するが、中国語は一つの漢字が一つの声調を持っています。
> 2. 日本語はHLの2つの段階でピッチが変動するが、中国語は5つの段階でピッチが変動します。

第2節　いろいろな品詞のアクセント

　この節では、日本語の名詞、形容詞、動詞のアクセント及びその変化について紹介します。

一、日本語の名詞アクセント

　前の節では、アクセントの概念、日本語アクセントの表記、特徴と機能について紹介しました。この節からは品詞別に、名詞アクセント、形容詞アクセント、動詞アクセントの特徴をまとめていきます。
　まず、日本語の名詞アクセントについて見てみましょう。

（一）名詞アクセントの種類とその傾向

　日本語のアクセントの型は限られており、図4-5のように1拍名詞には2個の型、2拍名詞には3個の型、3拍名詞には4個の型、4拍名詞には5個の型があります。したがって、原則的にはn拍の名詞には（n＋1）個の型が存在することがわかります。

```
1拍名詞    ○が      ○¹が
2拍名詞    ○○が    ○¹○が    ○○¹が
3拍名詞    ○○○が  ○¹○○が  ○○¹○が  ○○○¹が
4拍名詞    ○○○○が ○¹○○○が ○○¹○○が ○○○¹○が ○○○○¹が
```

図4-5

アクセントは恣意的なもので、一つ一つ覚えなければならないと言われています。ところが、実際言葉のアクセントを一つ一つ調べ、統計してみると、それぞれの型が均等に現れるわけではないことがわかります。表4-3に示したように、型の分布にはかなりの偏りが存在しているのです。

表4-3

	平板型	頭高型	尾高型	中高型	中高型
1拍名詞	気が、葉が (30%強)	木が、歯が (70%弱)			
2拍名詞	端が、空きが (約15%)	箸が、秋が (約65%)	橋が、飽きが (約20%)		
3拍名詞	さかなが (約50%)	めがねが (40%弱)	あたまが (約5%)	たまごが (10%弱)	
4拍名詞	こくばんが (70%弱)	ちゅうごくが (10%弱)	おとうとが (約5%)	ひこうきが (10%強)	みずうみが (10%弱)

田中等(1999)を参考にした。

平板型が3拍・4拍名詞に多く見られ、特に4拍名詞では70%弱を占めています。日本語は4拍の単語がもっとも多いので、平板型が日本語の特徴的なアクセント型であると言えます。一方、尾高型の分布率が最も低く、しかも拍数が増えるにつれて減少し、4拍以上の語にはほとんど現れなくなります。しかしながら、この型は2拍名詞では少なからず現れるし、また学習者にとっては発音しにくい型なので注意が必要です。

このように、アクセント型によって実際の分布度が大きく異なるので、型の分布を考慮したうえで、分布率の高いアクセント型から学習していくといいでしょう。

(二) 人名のアクセント

日本の人名は普通名詞と違って、アクセントには決まったルールがあるのです。人名は苗字と名前からなっています。以下では、それぞれのアクセントについて紹介していきます。

1. 日本人苗字のアクセント

日本人苗字は原則として平板型か―3型で発音されています。たとえば、(録音―4―12)

第4章 日本語のアクセント

平板型の苗字

3拍　青木（あおき）　　高木（たかぎ）　　鈴木（すずき）　　石田（いしだ）
　　　島田（しまだ）　　本田（ほんだ）　　中田（なかた）　　田中（たなか）
4拍　川上（かわかみ）　村上（むらかみ）　中島（なかじま）　坂本（さかもと）
　　　山本（やまもと）　品川（しながわ）　渡辺（わたなべ）　中山（なかやま）
5拍　小笠原（おがさわら）　柳沢（やなぎさわ）　宇都宮（うつのみや）

−3型の苗字

3拍　森田（も⌐りた）　藤田（ふ⌐じた）　大野（お⌐おの）　三上（み⌐かみ）
　　　田口（た⌐ぐち）　湯川（ゆ⌐かわ）　児崎（こ⌐ざき）　佐山（さ⌐やま）
4拍　杉本（すぎ⌐もと）　竹内（たけ⌐うち）　黒川（くろ⌐かわ）　細川（ほそ⌐かわ）
　　　川口（かわ⌐ぐち）　松崎（まつ⌐ざき）　松下（まつ⌐した）　高橋（たか⌐はし）
5拍　金田一（きんだ⌐いち）　高柳（たかや⌐なぎ）　柳原（やなぎ⌐はら）
　　　竹野内（たけの⌐うち）

2拍の苗字のアクセントは、平板型と頭高型の2種類です。たとえば、（録音−4−13）

平板型アクセント

八木（やぎ）　　森（もり）　　小野（おの）　　原（はら）
辻（つじ）　　　堀（ほり）　　戸田（とだ）　　曾根（そね）

頭高型アクセント

関（せ⌐き）　　岡（お⌐か）　　谷（た⌐に）　　峰（み⌐ね）
菅（か⌐ん）　　今（こ⌐ん）　　勝（か⌐つ）　　三木（み⌐き）

2. 日本人名前のアクセント

　日本人の名前の多くは、末尾の部分（漢字）によって男女が区別されています。アクセントの型も、末尾の部分によってほぼ決まっており、末尾漢字が同じであれば同じアクセント型になる確率が高いのです。日本人の代表的な男女名とそのアクセント型を見てみましょう。女子名は〜こ（子）、〜え（絵・江・恵・枝）、〜み（美・実）、男子名は〜し（史・詞・志・士）、〜じ（次・治・二・司）、〜お（男・雄・夫）の場合は、以下のアクセントになります。（録音−4−14）

女子の名前

　　　　　　　　　〜こ（子）　⇒　頭高型

よ⌐しこ（佳子）　　た⌐かこ（貴子）　　は⌐なこ（花子）　　ま⌐さこ（雅子）
きょ⌐うこ（京子）　れ⌐いこ（玲子）　　りょうこ（涼子）　　せ⌐いこ（聖子）

　　　　　　　　　～え（絵・江・恵・苗）⇒　平板型
よしえ（佳恵）　　さなえ（早苗）　　はるえ（春江）　　まさえ（雅恵）
きよえ（清恵）　　さとえ（里絵）　　ともえ（友恵）　　ももえ（百恵）
　　　　　　　　　～み（美・実）⇒　平板型
よしみ（佳美）　　ともみ（智美）　　はるみ（晴美）　　まさみ（雅美）
きよみ（清実）　　さとみ（里実）　　かずみ（和美）　　ちえみ（千恵美）

男子の名前

　　　　　　　　　～し（史・詞・志・士）⇒　頭高型
た⌐かし（隆史）　ま⌐さし（雅志）　ひ⌐ろし（寛・宏）　あ⌐つし（厚志）
き⌐よし（清志）　や⌐すし（康史）　た⌐けし（健史）　さ⌐とし（聡・智）
　　　　　　　　　～じ（次・冶・二・司）⇒　頭高型
け⌐んじ（健次）　こ⌐うじ（浩二）　し⌐んじ（伸司）　え⌐いじ（栄治）
　　　　　　　　　～お（男・雄・夫）⇒　平板型
よしお（義雄）　　まさお（雅夫）　　やすお（康夫）　　かずお（和雄）
はるお（春夫）　　あきお（昭雄）　　のりお（紀夫）　　ひでお（秀雄）

また、2拍の名前は頭高型アクセントで発音される傾向があります。たとえば、（録音－4－15）

男子の名前：りょ⌐う（遼）　　しょ⌐う（翔）　　し⌐ん（新）
女子の名前：え⌐な（江奈）　　ち⌐え（千恵）　　あ⌐や（彩）

形容詞からの名前は頭高型アクセントで発音される傾向があります。たとえば、（録音－4－16）

男子の名前：た⌐だし（正）　　あ⌐きら（明）　　き⌐よし（清）
女子の名前：ま⌐どか（円）　　し⌐ずか（静）　　は⌐るか（遥）

それに対して、動詞からの名前は平板型アクセントで発音される傾向が強いです。たとえば、（録音－4－17）

男子の名前：すすむ（進）　　みのる（実）　　まもる（守）
女子の名前：かおり（香）　　のぞみ（望）　　めぐみ（恵）

（三）複合名詞のアクセント

　複合名詞のアクセント規則の勉強に入る前に、複合語（複合名詞、複合形容詞、複合動詞など）に共通する特徴についてまず説明しておく必要があります。

　複合語は2つ以上の単純語がくっ付いたり、単純語に接頭語や接尾語が付いたりして誕生します（『新明解日本語アクセント辞典』(2014)では、「結合語」という用語を用いられているが、ここでは便宜上、「複合語」と呼びます）。複合語にはもとの単純語の意味が含まれるし、もちろん拍数も増えます。複合すると同時に、アクセントの変化も伴っています。まず、単純語と複合語について以下のことを考えてみましょう。

【考えてみよう】
A組とB組の単語を聞き比べてみてください。どのように違いましたか。（録音－4－18）

A		B
あかい　　しんごう		あかし⌐んごう
にゅうよ⌐うじの　きょういく		にゅうようじきょ⌐ういく
わ⌐せだの　だいがく		わせだだ⌐いがく
にんきな　はいゆう		にんきは⌐いゆう
テ⌐レビの　ゲーム		テレビゲ⌐ーム
はな⌐す　あ⌐う		はなしあ⌐う

　A組の例は「あかい＋しんごう」、「にゅうようじ＋の＋きょういく」、「わせだ＋の＋だいがく」などのように、二つ以上の言葉からできています。このような構造を句と言います。これに対してB組はA組と同じく二つの単語からできていますが、単語全体として一つのまとまりになっているのです。このような語を複合語と言います。複合語には「あかしんごう（赤信号）」のような複合名詞や、「はなしあう（話し合う）」のような複合動詞などがあります。

　A組の単語とB組の単語とでは、まず形が異なっています。A組の「あかい　しんごう」に比べて、B組の「あかしんごう」では形容詞語尾の「い」が消えています。A組の「にゅうようじのきょういく」に比べて、B組の「にゅうようじきょういく」では助詞の「の」がなくなっています。また、両者には意味の違いもあり、たとえば、A組の「あかいしんごう（赤い信号）」はただ色の赤い信号を意味しますが、B組の「あかしんごう（赤信号）」は交通信号の赤信号を指しています

す。同じように、A組の「わせだのだいがく（早稲田の大学）」は早稲田という場所にある大学のことで、B組の「わせだだいがく（早稲田大学）」は大隈重信が創立した私立大学のことを指しています。つまり、A組と比べて、B組は形だけでなく、意味上においても一語としてまとまっているのです。

　このように、複合語には形も意味も一語としてのまとまりが見られるが、発音の面においてはどのようになっているのでしょう。実は、発音（特にアクセント）の面においても一語としてのまとまりが見られます。

　A組の場合は複数の単語にそれぞれのアクセントで発音されています。たとえば、「あかいしんごう」では、「あかい」の「かい」で高く維持させたピッチが「しんごう」の「し」で一度下がり、「ん」で再び上がっているのがわかります。ここでアクセントの制約を思い出して下さい。「日本語の単語アクセントでは、語の中で一度下がったピッチは二度と上がることはない」ということを確認してください。A組の「あかい　しんごう」はこの制約に違反しているため、これは一つの言葉ではなく、複数の言葉が存在しているということになります。A組の他の言葉も同じことが言えます。

　一方、B組の複合語を見てみましょう。「あかしんごう」のアクセントは「か」で一度上がり、「し」で下がって、語末までピッチの立ち上がりがなく、低く続いたことがわかります。アクセントの上下変動は1回しかありません。これは発音上、単語の境界が消えたことになるわけです。同じように、B組の「わせだだいがく」でも、「せ」でピッチが上がり、2番目の「だ」で下がるようになっています。アクセントの上下変動は1回で、一語としてのまとまりが見られています。つまり、B組の複合語では、形や意味のほかに、発音面においても一語にまとめられているのです。

　学習者が日本語複合語のアクセントを生成する際、「わせだ●だいがく（●はポーズ）」と形態素境界にポーズを置いて発音したり、「わせだ」「だいがく」と単純語アクセントを付与し、2語のように発音したりすることがよく見られますが、注意する必要があります。

複合語は一語としてのまとまりが大事

1. 前部要素と後部要素の間にポーズを置いてはいけません。
2. 単純語のアクセントで前部要素と後部要素を別々に発音するのではなく、複合語としてのアクセントを共有するのです。

　以前紹介したようにA組の単純語アクセントは恣意的で、学習する際は一つ一つ覚えるし

第4章　日本語のアクセント

かないとされているのですが、B組の複合語アクセントはある一定した規則性が見られています。次は複合名詞アクセントの規則について紹介したいと思います。

　複合名詞アクセントには一定した規則性を持っています。主に、後部にくる単語（後部要素）の長さ（拍数）によって決まります。前部にくる単語（前部要素）は元のアクセントを失い、後部要素とアクセントを共有する形になるのです。つまり、複合語の前部にくる単語はどんなアクセントで、何拍であってもかまいません。複合名詞アクセントは後部要素によって決められています。以下に具体的に紹介します。

1. 後部が2拍以下の複合名詞のアクセント

　後部が2拍以下の複合名詞の場合は、原則として以下のようになります。

　（1）後部要素が「〜区」「〜府」「〜市」「〜券」「〜室」「〜人」「〜機」「〜館」「〜学」の場合は、前部要素の最後の拍にアクセントを置きます。ただし、その拍が特殊拍（長音、促音、撥音）や連母音の場合は、一つ前の拍に置きます（下線部分）。（録音―4―19）

　　〜区（く）
　せたがや￢く（世田谷区）　　しんじゅく￢く（新宿区）　　こうと￢うく（江東区）
　　〜府（ふ）
　きょうと￢ふ（京都府）　　　おおさか￢ふ（大阪府）
　　〜券（けん）
　しょくじ￢けん（食事券）　　かいもの￢けん（買い物券）　　しょうひ￢んけん（商品券）
　　〜室（しつ）
　としょ￢しつ（図書室）　　　じむ￢しつ（事務室）　　　　　しんりょ￢うしつ（診療室）
　　〜人（じん）
　ちゅうごく￢じん（中国人）　アメリカ￢じん（アメリカ人）　イギリス￢じん（イギリス人）
　（例外）にほんじ￢ん（日本人）
　　〜機（き）
　でんわ￢き（電話機）　　　　そうじ￢き（掃除機）　　　　　コピ￢ーき（コピー機）

　（2）後部要素が「〜課」「〜語」「〜側」「〜組」などの場合は、平板型になります。（録音―4―20）

　　〜課（か）
　そうむか（総務課）　　　　　しょむか（庶務課）　　　　　　けいりか（経理課）

～語(ご)
にほんご(日本語)　　　　ちゅうごくご(中国語)　　　　スペインご(スペイン語)
～側(がわ)
かいしゃがわ(会社側)　　がっこうがわ(学校側)　　　しゅふがわ(主婦側)
～組(ぐみ)
だんしぐみ(男子組)　　　きこんしゃぐみ(既婚者組)　やまぐちぐみ(山口組)

2. 後部が3拍・4拍の複合名詞のアクセント

　後部が3拍・4拍の複合名詞の場合は、原則として後部要素の語末から数えて3拍目にアクセントを置きます。つまり、-3型になる傾向が強いです。ただし、その拍が特殊拍(長音、促音、撥音)や連母音の場合は、一つ前の拍に置きます(下線部分)。(録音-4-21)

～カ⌐メラ(頭高型)
こがたカ⌐メラ(小型カメラ)　デジタルカ⌐メラ　　ないぞうカ⌐メラ(内蔵カメラ)
～お⌐んな(尾高型)
ゆきお⌐んな(雪女)　　　なきお⌐んな(泣き女)　　きょうお⌐んな(京女)
～よ⌐さん(平板型)
ぐんじよ⌐さん(軍事予算)　じっこうよ⌐さん(実行予算)　ほせいよ⌐さん(補正予算)
～こ⌐う̲じょう(中高型)
じどうしゃこ⌐う̲じょう(自動車工場)　　ぼうせきこ⌐う̲じょう(紡績工場)
せいしこ⌐う̲じょう(製紙工場)

3. 後部が5拍以上の複合名詞のアクセント

　後部が5拍以上の複合名詞の場合は、原則として後部要素のアクセントが保持されます。(録音-4-22)

　(1) 後部要素が起伏型アクセントの場合は、そのアクセントが保持され、起伏型アクセントで発音します。

オリンピ⌐ック　⇒　ペキンオリンピ⌐ック　　　　ロンドンオリンピ⌐ック
ものが⌐たり　⇒　ゆめものが⌐たり(夢物語)　　イソップものが⌐たり
せんぷ⌐うき　⇒　こがたせんぷ⌐うき(小型扇風機)　でんきせんぷ⌐うき(電気扇風機)

　(2) 後部要素が平板型アクセントの場合は、そのアクセントが保持され、平板型アクセントで発音します。

第4章 日本語のアクセント

　　たんけんか（探検家）　⇒　かいていたんけんか（海底探検家）
　　　　　　　　　　　　　　なんきょくたんけんか（南極探検家）
　　ぼうえんきょう（望遠鏡）　⇒　てんたいぼうえんきょう（天体望遠鏡）
　　　　　　　　　　　　　　でんぱぼうえんきょう（電波望遠鏡）

　以上は日本語の複合名詞アクセントの規則です。原則としては、複合名詞アクセントは後部要素の拍数によって決められています。もっと勉強したい人は『新明解日本語アクセント辞典』（2014）を参考にしてください。

練習

　複合名詞アクセントの規則に従って、以下の複合名詞にアクセントを記して下さい。そして、発音してみましょう。（録音-4-23）

- 東京大学（とうきょうだいがく）
- 交通料金（こうつうりょうきん）
- ど根性（どこんじょう）
- 山椒魚（さんしょううお）
- 法律事務所（ほうりつじむしょ）
- 急ブレーキ（きゅうブレーキ）
- 横浜地下鉄（よこはまちかてつ）
- 福岡市（ふくおかし）
- 日本語学校（にほんごがっこう）
- 東京電力会社（とうきょうでんりょくがいしゃ）
- 原子力発電所（げんしりょくはつでんしょ）
- 前売り券（まえうりけん）
- 懇親会（こんしんかい）
- 氷砂糖（こおりざとう）
- 温泉卵（おんせんたまご）
- 悪条件（あくじょうけん）
- 紙飛行機（かみひこうき）
- 大型顕微鏡（おおがたけんびきょう）
- 復旦大学（ふくたんだいがく）
- 野外活動（やがいかつどう）

【コラム　名詞アクセントの平板化】

　最近、本来起伏型アクセントの単語が平板型のように発音される現象がよく観察されます。この現象をアクセントの平板化と言います。なじみの深い語に平板化が起こりやすいと言われています。特に、一部の集団（音楽、マスコミ、コンピューター関係）でよく用いられる業界用語では、「ギ˥ター」→「ギター」、「フロ˥ッピー」→「フロッピー」、「シ˥ラバス」→「シラバス」や、若者言葉では、「か˥れし」→「かれし」、「としょ˥かん」→「としょかん」、「ク˥ラブ」→「クラブ」などの語においては、その型の違いが微妙なニュアンス、用法の

差異が生じることもあります。また、「サーファー」や「ビデオ」、「バイク」、「モデル」といった外来語アクセントの平板化について、「専門家アクセント」という面白い指摘もあります。ある専門分野の単語のアクセントを平板化することで、自分が専門家であるとアピールすることにつながるそうです。名詞アクセントの平板化はそんな印象を与えるかもしれません。

二、日本語の形容詞アクセント

日本語のアクセントは恣意的で、それぞれの単語のアクセントがどこで下がるかは、外国人が単語ごとに覚えなければならないと前節で説明しました。確かに名詞の場合は、アクセントは語中のどの位置でも下がる可能性があります。たとえば、「タタタタ」という4拍名詞には「タ⌐タタタ」、「タタ⌐タタ」、「タタタ⌐タ」、「タタタタ⌐」、「タタタタ」の5種類のアクセントパターンが原則上存在しています。その分布傾向から見れば、中高型と尾高型は数が少なく、平板型が最も多いのですが、基本的には名詞はアクセントの位置を単語ごとに覚えなければなりません。

しかし、形容詞と動詞はアクセントのパターンが限られていて、推測できるようになっています。これでアクセントを覚える負担を減らすことができるでしょう。ここでは、形容詞アクセント、形容詞活用形アクセント、複合形容詞アクセントについて見てみましょう。

（一）形容詞のアクセント

まず、形容詞終止形のアクセントについて考えてみましょう。

【考えてみよう】

　グループAとグループBの形容詞を聞き比べてみてください。どのように違いましたか。（録音－4－24）

グループA	グループB
あかい　あまい　おいしい おそい　かるい　おもい くらい　やさしい　むずかしい とおい　あかるい　あぶない	しろい　あおい　からい たのしい　ひくい　みじかい わるい　さむい　すずしい ちいさい　やすい　おおきい

第4章　日本語のアクセント

　形容詞のアクセントパターンは0型と−2型の2つのグループに分けられます。グループAの形容詞は0型で、グループBの形容詞は−2型です。アクセントの違いにより、意味の違いが生じることがあります。たとえば、仮名で表示すると「あつい」だが、「暑い」は−2型で、「厚い」は0型で発音されます。しかし、名詞と比べると、アクセントだけが異なる形容詞ミニマルペアが非常に少ないです。

練習

　録音を聞いて、以下の形容詞のアクセントを考えてください。そして、それぞれの枠に書いて、グループ分けをしてください。（録音−4−25）

　かわいい　いそがしい　きびしい　さわがしい　よろしい　あかるい　さびしい
　したしい　おいしい　ただしい　やさしい　すくない　すばらしい　めずらしい

0型グループ	−2型グループ

（二）形容詞活用形のアクセント

　形容詞の活用形のアクセントは、0型グループか−2型グループかによって、決まっています。表4-4を見て、活用形のアクセントを確認してください。

表4-4

0型形容詞 例：あかい	〜い＋名詞 あかいくつ	〜い。 あかい。	〜¹いです。 あか¹いです。	〜く あかく	〜¹くて あか¹くて	〜¹かった あか¹かった	〜¹ければ あか¹ければ
−2型形容詞 例：しろ¹い	〜¹い＋名詞 しろ¹いくつ	〜¹い。 しろ¹い。	〜¹いです。 しろ¹いです。	〜⁰く し¹ろく	〜⁰くて し¹ろくて	〜⁰かった し¹ろかった	〜⁰ければ し¹ろければ

　このように、形容詞が0型か−2型のどちらのグループのものかということを覚えれば、活用形も含めて、そのアクセントのパターンがわかります。
　それから、形容詞が名詞を修飾する時のアクセントを見てみましょう。「かわいいこども」のように、−2型形容詞の場合は、後の名詞は元のアクセントのままで結構です。しかし、0型形容詞の場合は、後の名詞の1拍目（語頭拍）は高く発音されます。たとえば、（録音−4−26）

```
あまい    ＋  おかしが    →   あまいおかしが
やさしい  ＋  おかあさんが →   やさしいおかあさんが
かなしい  ＋  ストーリーに →   かなしいストーリーに
つめたい  ＋  へんじを    →   つめたいへんじを
```

もし、「あまいおかしが」が「あまいおかしが」のように、後の名詞の語頭を低く発音したら、名詞の「おかし」が強調されるように聞こえることがありますので、気をつけてください。

それから、アクセントとリズムは密接に関係しています。「○○かった」は「○○かた」のように「っ」がなくならないように気をつけましょう。

（三）形容詞アクセントの新傾向

形容詞のアクセントは、今だんだん変わってきています。（二）で説明したようなアクセントが伝統的なアクセント規則ですが、最近では表４−５のような発音もよく聞こえるようになりました。形容詞のアクセントにはかなりの揺れが存在しているということが言えます。

表４−５

0型形容詞 例：あかい	〜い＋名詞 あかいくつ	〜い。 あか⌐い。	〜いです。 あか⌐いです。	〜く あかく	〜くて あか⌐くて	〜かった あか⌐かった	〜ければ あか⌐ければ
−2型形容詞 例：しろ⌐い	〜い＋名詞 しろ⌐いくつ	しろ⌐い。	しろ⌐いです。	〜⌐○く し⌐ろく	しろ⌐くて	しろ⌐かった	しろ⌐ければ

この表を見ると、伝統的なアクセントパターンより新傾向のほうが、0型と−2型形容詞の活用形アクセントパターンがだんだん似てきたということがわかります。特に若い人はこの新しいアクセントで発音されることが多く、将来的にはこれが一般的なアクセントになると学者たちが考えているようです。

しかし、学習者の中には、「あかか⌐った」や「しろけ⌐れば」という発音をする人も時々いますが、これは東京語アクセントとしてはあり得ない発音なので、注意が必要です。

練習

1. 以下の「形容詞＋名詞」の形のアクセントを線で示し、発音してみてください。声の上がり下がりに気をつけましょう。友達とペアになって、お互いの発音を聞きましょう。
（録音−4−27）

第4章　日本語のアクセント

例　む￣ずかしいかんじ（難しい漢字）
- おいしいおかし（おいしいお菓子）
- あかるいへや（明るい部屋）
- やさしいせんせい（優しい先生）
- かわいいこども（かわいい子供）
- たのしいいちにち（楽しい一日）

2. 次の形容詞の活用形を正しいアクセントで発音してみましょう。自分の発音を録音して、聞いてみましょう。（録音－4－28）

	～です。	～く	～くて	～かった	～ければ
例）あかるい	あかるˈいです。	あかるく	あかるˈくて	あかるˈかった	あかるˈければ
むずかしい	むずかしˈいです。	むずかしく	むずかしˈくて	むずかしˈかった	むずかしˈければ
ながい	ながˈいです。	なˈがく	なˈがくて ながˈくて	なˈがかった ながˈかった	なˈがければ ながˈければ
みじかい	みじかˈいです。	みじˈかく	みじˈかくて みじかˈくて	みじˈかかった みじかˈかった	みじˈかければ みじかˈければ

3. 下線の言葉のアクセントに気をつけながら、文を発音してみてください。OJADで形容詞活用形のアクセントを調べてみましょう【コラムOJADで単語活用形のアクセントを調べよう】を参考してしてください。友達とペアになって、お互いの発音を聞きましょう。（録音－4－29）
- このニュースを聞いて、とても<u>うれしかった</u>です。
- 夕方になると、<u>すずしい</u>風が吹いてきました。
- お父さんの手は<u>大きくて</u>あたたかい。
- <u>行きたければ</u>、行けば<u>よい</u>。
- 私の故郷は空が<u>青く</u>、海が<u>広い</u>。

（四）複合形容詞のアクセント

「薄暗い（うすぐらい）」や「粘り強い（ねばりづよい）」のように、2語以上の単語がまとまって形成された形容詞を複合形容詞と呼びます。前部が形容詞でも名詞でも、後部が形容詞であれば、その形容詞が複合形容詞となるのです。複合形容詞のアクセントも前に勉強した複合名詞と同様に、複合前のアクセントが変化することがあり、同じく「一語としてのまとまり」がとても大事です。

ただし、複合名詞のアクセント規則と比べて、複合形容詞アクセントがずっと単純で、覚えやすいのです。前部・後部の拍数やアクセント型を問わず、後部の語末から2拍目にアクセント

核が置かれ、つまり、ほとんどの複合形容詞が－2型アクセントで発音されるわけです。たとえば、(録音－4－30)

- しろい　　→　あおじろい(青白い)　　　－2型
- つよい　　→　こころづよい(心強い)　　－2型
- ひろい　　→　はばひろい(幅広い)　　　－2型
- あたらしい　→　めあたらしい(目新しい)　－2型
- くさい　　→　けちくさい(ケチ臭い)　　－2型
- くるしい　→　いきぐるしい(息苦しい)　－2型

練習

以下の複合形容詞の意味を考えながら、正しいアクセントで発音してみてください。友達とペアになって、お互いの発音を聞きましょう。(録音－4－31)

- 事新しい(ことあたらしい)
- 格好いい(かっこういい)
- 口うるさい(くちうるさい)
- 考え深い(かんがえぶかい)
- 塩辛い(しおからい)
- 汗臭い(あせくさい)
- 歯がゆい(はがゆい)
- 計算高い(けいさんだかい)
- 礼儀正しい(れいぎただしい)
- 印象深い(いんしょうぶかい)
- 心優しい(こころやさしい)
- 程よい(ほどよい)
- 我慢強い(がまんづよい)
- 気持ち悪い(きもちわるい)
- 細長い(ほそながい)
- 堅苦しい(かたくるしい)
- 甘辛い(あまからい)
- 面白おかしい(おもしろおかしい)
- 恐れ多い(おそれおおい)
- 照れ臭い(てれくさい)

【コラム　OJADで単語活用形のアクセントを調べよう】

　　われわれは日本語のアクセントを勉強するときに、単語活用形のアクセントに悩まされることがあります。教科書の単語リストに載っている単語アクセントが文中に出てくる単語活用形アクセントとは異なっています。活用形のアクセントはどのように調べたらいいのでしょうか？

　　OJADはまさにそういった日本語教師と学習者をサポートし、日本語の文中アクセントやポーズなどの韻律面の習得問題を改善するために開発されたのです。OJADはOnline

Japanese Accent Dictionaryの略称で、日本国立国語研究所と東京大学が共同で開発したもので、全世界でたくさんの日本語学習者に使われています。

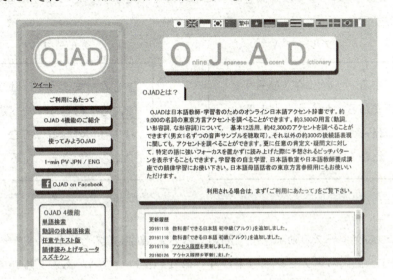

OJADのメイン画面（http://www.gavo.t.u-tokyo.ac.jp/ojad/chi/pages/home）

OJADには約9000個の名詞、3500個の用言（動詞、形容詞、形容動詞）の基本形および活用形アクセントが収録されています。またOJADには四つの検索機能があります。

（1）単語検索

（2）動詞後続語検索

（3）任意テキスト検索

（4）韻律読み上げチュータスズキクン

OJADは日本語音声教育と学習にたくさんの可能性を提供しました。しかもすべて無料ですので、ぜひ調べてみてください。

三、日本語の動詞アクセント

日本語の動詞も形容詞と同様に、決まったアクセントパターンしか存在しません。名詞アクセントと比べると、規則が単純で、学習者にとっては覚えやすいです。ここでは、動詞のアクセント、動詞活用形のアクセントと複合動詞のアクセントについて説明していきましょう。

（一）動詞のアクセント

動詞終止形にはどのようなアクセントパターンが存在しているのでしょうか。まず、考えてみましょう。

【考えてみよう】
　グループAとグループBの動詞を聞き比べてみてください。どのように違いましたか。
（録音－4－32）

グループA		
する	のぼる	ひろう
まわる	ねらう	おどる
わらう	あらう	もらう
ねむる	あそぶ	はじまる

グループB		
まもる	まよう	うばう
やぶる	はらう	たべる
おりる	のべる	すむ
つくる	できる	くる

　以上の二つのグループの動詞をよく聞いてみると、動詞アクセントのパターンが大体わかると思います。動詞のアクセントは下がり目のないグループAとあるグループBに分かれます。下がり目がある場合は、語末から数えて2拍目で下がるようになっています。すなわち、原則として動詞のアクセントパターンは0型と－2型の2パターンです。そのため、名詞アクセントと比べると、動詞アクセントは規則的で学習が比較的に楽でしょう。

　ただし、「か⌐える」や「と⌐おる」のような頭高型アクセントの動詞も存在しています。その現象は東京語アクセントの音韻規則と深くかかわっていますが、数はそれほど多くありません（詳しくは【コラム　「かえる」はどう発音する？】を参照してください）。

練習

　アクセントに気をつけて、以下の動詞ペアを発音してみてください。友達とペアになって、お互いの発音を聞きましょう。（録音－4－33）

<2拍動詞>

- いる（居）　──　い⌐る（煎/炒）
- かう（買）　──　か⌐う（飼）
- かく（欠）　──　か⌐く（掻/書）
- きる（着）　──　き⌐る（切/斬）
- くむ（汲/酌）──　く⌐む（組）
- さく（咲）　──　さ⌐く（裂）
- なる（鳴）　──　な⌐る（為/成）

- ねる（寝）　──　ね⌐る（練）
- はく（履）　──　は⌐く（吐/掃）
- ふる（振）　──　ふ⌐る（降）
- へる（減）　──　へ⌐る（経）
- まく（巻）　──　ま⌐く（蒔/撒）
- もる（盛）　──　も⌐る（漏）
- やむ（止）　──　や⌐む（病）

＜3拍動詞＞
- うえる（植） ── うえ˥る（飢）
- かける（欠） ── かけ˥る（掛/賭/駆）
- しめる（湿） ── しめ˥る（閉/占/締）
- つける（漬） ── つけ˥る（付）
- ならす（鳴） ── なら˥す（慣/馴）
- はれる（腫） ── はれ˥る（晴）

＜フレーズ＞
- 本を買う ── 犬を飼う
- 上着を着る ── つめを切る
- 水を汲む ── ペアを組む
- 花が咲く ── ハンカチを裂く
- 電話が鳴る ── 春になる
- 靴を履く ── 息を吐く
- 首を振る ── 雨が降る
- 体重が減る ── 年月を経る
- マフラーを巻く ── 種を蒔く
- 力が欠ける ── 壁に絵を掛ける
- 洋服を水に漬ける ── 名札を付ける

（二）動詞活用形のアクセント

さきほどは動詞終止形（元の形）のアクセントについて分類しました。動詞の活用に伴って、形もアクセントも変化します。形とともにアクセントはどのように変わるのでしょうか。実は、それは終止形のアクセントと深く関係しているのです。終止形のアクセントが同じであれば、活用形のアクセントも同じになります。そのため、動詞終止形が0型か−2型のどちらなのかを覚える必要があります。それさえ覚えれば、活用形のアクセントもわかるようになります。それでは、動詞活用形のアクセントを整理してみましょう。

動詞活用形のアクセント規則

1. ＜連用形（マス）＞と＜未然形（ウ・ヨウ）＞のような活用形は、0型動詞も−2型動詞もすべて同じ規則に従います。
2. 一方、＜連用形（テ・タ）＞、＜未然形（ナイ）＞、＜可能形（レル・ラレル）、使役形（セル・サセル）、受身形（レル・ラレル）＞、＜仮定形（バ）＞のような活用形は、0型動詞と−2型動詞とそれぞれアクセント変化規則が異なります。

以下では、それぞれの活用形アクセントについて詳しく説明していきます。

<連用形(マス)>

０型動詞も－２型動詞も、動詞連用形(マス)のアクセントはすべて同じ形になります。

表 4-6

０型動詞	～ま˥す	～ま˥した	～ませ˥ん	～ませ˥んでした
－２型動詞				

(例)(録音－4－34)

０型動詞	あそぶ	あそびま˥す	あそびま˥した	あそびませ˥ん	あそびませ˥んでした
	する	しま˥す	しま˥した	しませ˥ん	しませ˥んでした
－２型動詞	ある˥く	あるきま˥す	あるきま˥した	あるきませ˥ん	あるきませ˥んでした
	く˥る	きま˥す	きま˥した	きませ˥ん	きませ˥んでした

<未然形(ウ・ヨウ)>

０型動詞も－２型動詞も、動詞未然形(ウ・ヨウ)のアクセントはすべて「～○˥う」になります。(録音－4－35)

表 4-7

０型動詞	～○˥う	しよ˥う	あそぼ˥う	いお˥う	つかお˥う	ねよ˥う
－２型動詞		こよ˥う	たべよ˥う	みよ˥う	かこ˥う	あつまろ˥う

<連用形(テ・タ)>

０型動詞は０型に、－２型動詞は－３型に発音されます。ただし、－２型の２拍動詞は「～○˥て/た」になります。(録音－4－36)

表 4-8

０型動詞	～て/た	して	あそんで	いって	つかって	ねて
－２型動詞	～˥○て/た	き˥て	た˥べて	み˥て	か˥いて	あつま˥って

<未然形(ナイ)>

０型動詞は０型に発音され、－２型動詞は「～˥ない」で、「ない」の前で下がります。(録音－4－37)

表 4-9

０型動詞	～ない	しない	あそばない	いわない	つかわない	ねない
－２型動詞	～˥ない	こ˥ない	たべ˥ない	み˥ない	かか˥ない	あつまら˥ない

未然形(ナイ)のアクセントは原則として以上の規則に従うため、基本的には「〜な˥い」のような発音は存在しません。ただし、0型動詞の未然形(ナイ)がさらに活用をする場合は、「〜な˥くて」や「〜な˥ければ」、「〜な˥いで」のように「な」で下がるものが多いです。

<可能形、使役形、受身形>
0型動詞は0型に発音され、-2型動詞は「〜˥る」で、「る」の前で下がります。(録音-4-38)

表4-10

0型動詞	〜る	される　いえる　いわれる　つかえる　つかわせる　ねられる
-2型動詞	〜˥る	こられ˥る　たべられ˥る　みられ˥る　かかせ˥る　かかれ˥る

<仮定形(バ)>
0型動詞は-2型に、-2型動詞は-3型に発音されます。(録音-4-39)

表4-11

0型動詞	〜˥ば	すれ˥ば　あそべ˥ば　いえ˥ば　つかえ˥ば　ねれ˥ば
-2型動詞	〜˥〇ば	く˥れば　たべ˥れば　み˥れば　か˥けば　あつま˥れば

以上では、<連用形(マス)>、<未然形(ウ・ヨウ)>、<連用形(テ・タ)>、<未然形(ナイ)>、<可能形(レル・ラレル)、使役形(セル・サセル)、受身形(レル・ラレル)>、<仮定形(バ)>のアクセント規則について紹介しました(さらに勉強したい人は、【付録3 動詞活用形のアクセント表】を参考にしてください)。

練習

1. 以下の表を完成させなさい。アクセントを示して、発音してみましょう。(録音-4-40)

	〜ます	〜う/よう	〜て	〜ない	〜せる	〜ば	〜れる(受身形)
泣く	なきま˥す				なかせる		
飲む		のも˥う					のまれ˥る
笑う				わらわない			
作る			つく˥って				
働く							
驚く							

2. まず下線部分のアクセントに気をつけながら、録音を聞いてください。次に友達とペアになって、会話の練習をしましょう。(録音－4－41)
   (1) (書いてください)
       A:すみません、ここにお名前と電話番号を書[⌐]いてください。
       B:あ、これですか。わかりま[⌐]した。
   (2) (がんばってください)
       学生:先生、レポートはいつまでに出[⌐]せばいいですか。
       先生:今週の金曜日までに出[⌐]して下さい。
       学生:えー？金曜日は漢字の試験もありま[⌐]す。
       先生:あ、そうですか。じゃ、両方、がんば[⌐]ってください。
   (3) (泣かないで)
       A:彼氏に「別れよ[⌐]う」と言われた(泣く)。
       B:ほんとう？もう泣かな[⌐]いで。いい人、紹介するから。
   (4) (叱られた)
       A:ねえ、聞いた？彼、先生に叱られたって。
       B:あ、それ、聞いたよ。

3. まず、会話を完成してください。次に、動詞と形容詞のアクセントを考えてみてください。最後に、友達とペアになって、会話の練習をしましょう。(録音－4－42)
   (1) (昼ごはん)
       A:昼ごはん、食べた？
       B:うん、食べた。
       A:何を食べた？
       B:＿＿＿＿＿＿。
       A:へえ、どこで食べた？
       B:＿＿＿＿＿＿。
       A:へえ、すごいね。おいしかった？
       B:＿＿＿＿＿＿。
       A:いいなあ、今度私も連れてってよ。
   (2) (ニュース)
       A:ねえ、聞いた？田中さんのこと。
       B:ううん、田中さんはどうしたの？
       A:ええ？聞いてないの？実は＿＿＿＿＿＿。

B：へえ、それ、すごくない？
A：それに_____。
B：いいなあ、田中さんよくがんばったね。
A：そうだね、ぼくらもがんばろう。
(3)（誕生日プレゼント）
A：そのネックレス、かわいいね。
B：そう？これ、_____。
A：あ、そのイヤリングも、いいね。よく似合ってる。
B：あ、これも_____。
A：へえ、だれか私にもくれないかな。

4. 「思い出のプレゼント」というタイトルで、みんなの前でスピーチをしてください。まず、原稿を書いてください。次に、アクセントを間違えないように記号をつけておいてください。この際にOJADで動詞や形容詞の活用形アクセントを調べておくといいでしょう。最後に、5回ぐらい読む練習をしてから、本番に臨みましょう。
ヒント：いつ、だれに、何をもらいましたか。
　　　　どのようなプレゼントですか。
　　　　今、そのプレゼントはどうしているのですか。

（三）複合動詞のアクセント

まず、複合動詞もすべての複合語と同じように、一つのまとまりとして発音することがとても大事です。続いて、複合動詞のアクセント規則について説明します。表4-12を見てください。旧規則と比較的にシンプルな新規則が存在しますが、現在では、特に中若年層がほとんど新規則のように発音していますので、シンプルな新規則を覚えましょう。

表4-12

複合パターン	動詞例	複合動詞	旧規則アクセント	新規則アクセント
0型＋　0型	まう＋あがる	まいあが⌐る	－2型	－2型
0型＋－2型	ゆずる＋あ⌐う	ゆずりあ⌐う		
－2型＋　0型	あ⌐る＋ふれる	ありふれ⌐る ありふれる	－2型/0型	
－2型＋－2型	あ⌐る＋あま⌐る	ありあま⌐る ありあまる		

このように、複合動詞アクセントの旧規則としては、0型アクセントも存在していました。

しかし、現在では新規則のほうが一般的になってきています。そのため、複合動詞を学習する際にも、「複合動詞アクセントは－2型である」と覚えてかまいません。だたし、【コラム 「かえる」はどう発音する？】で紹介している「うちか￢えす」のように、一部には－3型アクセントで発音する複合動詞も存在していますが、その数はそう多くありません。

練習

アクセントに気をつけて、以下の複合動詞を発音してみてください。そして、意味を考えましょう。友達とペアになって、お互いの発音を聞きましょう。（録音－4－43）

- 動きまわる（うごきまわる）
- 生み出す（うみだす）
- 推し進める（おしすすめる）
- 着替える（きがえる）
- 切り替える（きりかえる）
- 切り倒す（きりたおす）
- 立ち止まる（たちどまる）
- 積み重ねる（つみかさねる）
- 詰め込む（つめこむ）
- 照りつける（てりつける）
- 思い浮かぶ（おもいうかぶ）
- 織り込む（おりこむ）
- 噛み締める（かみしめる）
- 跳び降りる（とびおりる）
- 取り上げる（とりあげる）
- 取り戻す（とりもどす）
- 飲み込む（のみこむ）
- 吐き出す（はきだす）
- 弾き飛ばす（はじきとばす）
- 張り巡らす（はりめぐらす）

【コラム 「かえる」はどう発音する？】

みなさんは「かえる」という言葉をどのように発音しますか？ 実は、仮名を見ただけではわかりません。たとえば、名詞ですと「蛙（かえる）」は平板型アクセントで発音されます。動詞ですと、「帰る（か￢える）」は頭高型に、「変える（かえる）」、「買える（かえる）」は平板型に、「飼える（かえ￢る）」は中高型に発音されます。このように動詞でもアクセントによって意味が変わることがあります。

ここで注目したいのは「帰る（か￢える）」の発音です。この章で紹介したように、動詞アクセントは0型か－2型が基本的なアクセントですが、例外として「帰る」「通る」「入る」「返す」「申す」「参る」などは－3型で発音されるものもあります。なぜ－3型になったかと言うと、実は日本語の音韻規則と深くかかわっています。これらの単語の語末から数えて2拍目の位置に長音や連母音があり、アクセントが一つ前の拍に移ったからなのです（詳しく

は【第4章第1節アクセントの基本概念】を参考にしてください）。「通る（と⌐おる）」は「お」が長音で、「帰る（か⌐える）」や「入る（は⌐いる）」の「え」と「い」は連母音の二つ目の母音です。「帰る」のような−3型動詞の活用形アクセントは次のようになります。終止形は「か⌐える」、連用形は「かえりま⌐す」「か⌐えって/た」、未然形は「かえら⌐ない」「かえろ⌐う」、仮定形は「か⌐えれば」、可能形は「かえれ⌐る」です。

　それから、「返す」や「通る」のような−3型動詞が複合動詞の後部要素になる場合は、−3型がそのまま複合動詞に生かされて、複合動詞全体が−3型に発音されます。たとえば、「打ち返す（うちか⌐えす）」、「取り返す（とりか⌐えす）」、「透き通る（すきと⌐おる）」などの−3型複合動詞があります。しかし、−3型動詞と同じように数が限られています。

第3節　文中のアクセント

　アクセントは基本的には単語単位で現われます。しかし、単独発話時の単語アクセントと句や文における単語アクセントの間には、少々違いが見られます。

【考えてみよう】
　まず、録音の音声を聞いてみましょう。「さくら」「おかし」の発音は、次の文の中でどうなっていますか。単語レベルのアクセントと文レベルのアクセントにはどのような違いがあるか、考えてみてください。（録音−4−44）

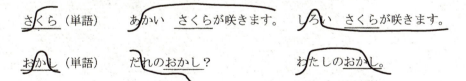

　「さくら」は単語レベルで発音したときは「低高高」、「おかし」は「低高低」です。しかし、文の中で発音されると、「さくら」は始めの文では「高高高」のように、後の文では「低低低」のように発音されています。「おかし」は、始めの文では「低低−さらに低」のようになっていて、後の文

では「高高低」のように発音されています。第1節で紹介した日本語アクセントの制約においては、「語頭では同じ高さが続かない」と習っていました。しかし、これはあくまでも単語レベルの発音なのです。実際、上のように文の中で発音されると、必ずしもそうではないことがわかります。

　では、文の中のアクセントをどのようにとらえるのでしょうか。ここにはあるコツがあるのです。文の中のアクセントについて、下がり目があるかないかだけに注目すればよいのです。たとえば、「さくら」の場合は、「低高高」にも「高高高」にも「低低低」にも、下がり目がないのです。一方「おかし」では、「低高低」にも「低低―さらに低」にも「高高低」にも共通していることは、どれも「か」で音の高さが下がるという点です。つまり、文中のアクセントは、それぞれの拍が高いか低いかということよりも、アクセントの下がり目が大切だということになります。またOJADの検索機能を利用して、文中アクセントを調べることもできるので、ぜひ使ってみてください。詳しくは【コラム OJADで単語活用形のアクセントを調べよう】を参照してください。

練習

　録音の音声を聞いてください。文中におけるアクセントの変化に気をつけながら、以下の短い文を発音してください。友達とペアになって、お互いの発音を聞きましょう。
（録音―4―45）
- かわいいあかちゃん
- どんなかばん
- かえるのたまご
- わたしのきもち
- やさしいおじいさん
- きれいなネクタイ

第5章　日本語の外来語の音声特徴

> 学習目標
>
> 1. 日本語の外来語と原語を比較します。
> 2. 日本語の外来語の音声特徴を理解します。
> 3. 日本語の外来語の発音を練習します。

　日本語は、大きく分けて和語、漢語、外来語の3種類の語彙があります。和語は日本に古くから存在する言葉で、漢語は1000年以上も前に中国から伝わったものです。そして外来語は英語をはじめとする西洋諸言語からの借用で、「洋語」とも呼ばれています。また、カタカナで表記することが多いです。これらの外来語はどのように作られているのでしょうか。この章では、母音の挿入、促音と長音の添加、アクセント、表記などの外来語の特徴について紹介します。

第1節　母音の挿入

　日本語は開音節で、つまり音節は「1子音＋1母音」から構成されています。英語などの西洋諸言語には閉音節がよく現れ、必ずしも日本語のような「1子音＋1母音」の構成ではありません。そのため、英語などからの外来語の多くは母音が挿入されます。以下の例を見てみましょう。（録音－5－01）

英語	日本語
test	tes_u_to（テスト）
book	bukk_u_（ブック）
cake	keik_i_（ケーキ）
bed	bedd_o_（ベッド）

挿入された母音が常に完全に発音されるわけではありません。日本語では[i][ɯ]の母音が無声化しやすいため、挿入母音の無声化がしばしば起こります。たとえば「テスト」では真ん中の母音[ɯ]が無声化して、[testo]のように発音されるわけです。逆の見方をすると、外来語に母音が挿入される時は、[i][ɯ]のような無声化しやすい母音のほうがより多く挿入されるということになります。このように無声化しやすい母音を挿入することによって、原語の発音（英語などの発音）にできるだけ近い発音が作り出されるようになっているという説があります。

練習

次にあげる英語の単語は日本語の外来語ではどのように発音されるのでしょうか。まず、書いてみましょう。それから、どこにどの母音が挿入されるかを友達と相談しながら、発音してみましょう。（録音—5—02）

- accent _____
- speech _____
- desk _____
- speed _____
- sheet _____
- robot _____

第2節　促音と長音の添加

チップ(tip)、カード(card)のように、外来語の形成時に促音や長音が添加されることがあります。直前の母音がもともと短い母音の場合は、促音が添加されます。一方、直前の母音が長い母音（長母音あるいは二重母音）の場合は、促音は生じず、長音が添加されるという規則性があります。（録音—5—03）

促音の添加		長音の添加	
英語	日本語	英語	日本語
lip	リップ	work	ワーク
dog	ドッグ	park	パーク
cat	キャット	heart	ハート
kick	キック	water	ウォーター
block	ブロック	cream	クリーム

第5章　日本語の外来語の音声特徴

練習

次にあげる英語の単語は日本語の外来語ではどのように発音されるのでしょうか。まず、書いてみましょう。それから、促音か長音がどこに添加されるかを友達と相談しながら、発音してみましょう。(録音－5－04)

- top _____
- bat _____
- bag _____
- cap _____
- pack _____
- cup _____
- food _____
- center _____
- school _____
- teacher _____
- research _____
- superman _____

第3節　外来語のアクセント

日本語の外来語のアクセントにはかなり規則性が見られます。次の外来語のアクセントを考えてみましょう。

【考えてみよう】

グループAとグループBの外来語を聞き比べてみてください。どのように違いましたか。(録音－5－05)

グループA	グループB
インターネ⌐ット　クラシ⌐ック	エレベ⌐ーター　キャ⌐ンパス
サンドイ⌐ッチ　アルバ⌐イト	コンピュ⌐ーター　シ⌐ーズン
キ⌐ウイ　ク⌐ラス　バナナ	サラリ⌐ーマン　ス⌐ーパー
オリンピ⌐ック　スプ⌐ーン	セ⌐ンター　パ⌐ーティー
スポ⌐ーツ　テ⌐レビ　デパ⌐ート	バドミ⌐ントン　リサ⌐イクル
ヨーロ⌐ッパ　チョコレ⌐ート	カ⌐ップル　カレ⌐ンダー

グループAは語末から3拍目、グループBは語末から4拍目にアクセント核が置かれていて、それぞれ－3型と－4型アクセントで発音されています。グループBをよく観察すると、すべて語末から数えて3拍目が促音「っ」、撥音「ん」、長音「ー」という特殊拍、あるいは連母音「い」であることがわかります。つまり、外来語では、アクセントは原則として後ろから3拍目に置かれ、その拍が特殊拍か連母音「い」である場合には、アクセント核が一つ前の拍に移動することになります。なぜこのような現象が起きるかというと、アクセントの法則に深く関わり、本書の第4章第1節で詳しく解説してあるので、どうぞ参照してください。以上のことから、外来語のアクセントには次のような規則性があることがわかります。

> **外来語アクセントの規則**
>
> グループA　語末から3拍目にアクセント核を置きます。
> グループB　その拍が特殊拍か連母音「い」なら、一つ前の拍（語末から4拍目）
> 　　　　　にアクセント核を置きます。

　ところで、外来語のアクセントは、もとの言語（英語、ドイツ語、フランス語など）のアクセントとは同じなのでしょうか。たとえば、グループAの「インターネ￢ット」「クラシ￢ック」、グループBの「エレベ￢ーター」「キャ￢ンパス」などは英語のアクセントとは必ずしも一致しません。英語では"int<u>e</u>rnet"、"cl<u>a</u>ssic"、"<u>e</u>levator"、"c<u>a</u>mpus"の下線部分に強勢アクセントが置かれています。

　では、日本語の平板型アクセントは外来語には現れないのでしょうか。和語・漢語に比べると、平板型アクセントの外来語の割合が低いのですが、現われないわけではありません。たとえば、「マスカラ」、「ラジカセ」、「ソムリエ」、「パリコレ」などは平板型アクセントで発音します。平板型アクセントは外来語全体の10％程度の割合で現れ、その条件はかなり明確に決まっています。

> **平板型アクセントの外来語の条件**
>
> 　以下の3つの条件をすべて満たした場合、外来語はほぼ例外なく平板型で発音されます。
> 　1. 4拍語
> 　2. 語末2拍が自立拍＋自立拍
> 　3. 語末拍の母音が口の開きの大きい[a、e、o]
>
> 　　　　　　　　　　　　　　　　　　　　　　田中等(1999)を参考にした。

それから、2拍の外来語は原則的には頭高型アクセントで発音します。たとえば、「パ⌐ン」、「ベ⌐ル」、「ゼ⌐ミ」、「チェ⌐ス」などがあります。

> **練習**
>
> 1. 以下の外来語を発音してみましょう。友達とペアになって、お互いの発音を聞きましょう。（録音－5－06）
>   - バ⌐ナナ
>   - サ⌐ッカー
>   - ワシ⌐ントン
>   - バ⌐ター
>   - ドラ⌐イブ
>   - バドミ⌐ントン
>   - パパ⌐イア
>   - オレ⌐ンジ
>   - アイスクリ⌐ーム
>   - ラ⌐イター
>   - ビタ⌐ミン
>   - オーストラ⌐リア
>   - マネ⌐ージャー
>   - カ⌐ーテン
>
> 2. 以下の平板型アクセントの外来語を発音してみましょう。拍の数と種類、最後の母音に注意しましょう。（録音－5－07）
>
> | | | | | | |
> |---|---|---|---|---|---|
> | 語末母音[a] | アメリカ | ベネチア | アンテナ | ラザニア | リストラ |
> | 語末母音[e] | デジカメ | クリオネ | コンソメ | インフレ | マロニエ |
> | 語末母音[o] | メキシコ | エジプト | ステレオ | モノクロ | ワープロ |
>
> 3. 日本語式の発音で以下のアルファベットを言ってみましょう。（録音－5－08）
>
> | | | | | | | | | | | | | | |
> |---|---|---|---|---|---|---|---|---|---|---|---|---|---|
> | A | エー | B | ビー | C | シー | D | ディー | E | イー | F | エフ | G | ジー |
> | H | エイチ | I | アイ | J | ジェー | K | ケー | L | エル | M | エム | N | エヌ |
> | O | オー | P | ピー | Q | キュー | R | アール | S | エス | T | ティー | U | ユー |
> | V | ブイ | W | ダブリュ | X | エックス | Y | ワイ | Z | ゼット | | | | |

第4節　外来語の表記

　われわれは日本語の五十音図を習う時に、片仮名の表記も一緒に覚えます。実はそれ以外に、外来語表記には次の表5-1にあるようなものも使われています。表5-1(1)は一般的に用いる仮名、表5-1(2)は原音や原つづりになるべく近づけるために作られた片仮名表記です。これらの音は、どのように発音されるのでしょうか。録音を聞きながら、発音してみましょう。（録音－5－09）

表 5-1

表(1)

ア	イ	ウ	エ	オ					
カ	キ	ク	ケ	コ					
サ	シ	ス	セ	ソ				シェ	
タ	チ	ツ	テ	ト				チェ	
ナ	ニ	ヌ	ネ	ノ	ツァ			ツェ	ツォ
ハ	ヒ	フ	ヘ	ホ		ティ			
マ	ミ	ム	メ	モ	ファ	フィ		フェ	フォ
ヤ		ユ		ヨ				ジェ	
ラ	リ	ル	レ	ロ		ディ			
ワ							デュ		
ガ	ギ	グ	ゲ	ゴ					
ザ	ジ	ズ	ゼ	ゾ					
ダ			デ	ド					
バ	ビ	ブ	ベ	ボ					

表(2)

パ	ピ	プ	ペ	ポ				イェ	
キャ		キュ		キョ		ウィ		ウェ	ウォ
シャ		シュ		ショ	クァ	クィ		クェ	クォ
チャ		チュ		チョ		ツィ			
ニャ		ニュ		ニョ			トゥ		
ヒャ		ヒュ		ヒョ	グァ				
ミャ		ミュ		ミョ			ドゥ		
リャ		リュ		リョ	ヴァ	ヴィ	ヴ	ヴェ	ヴォ
ギャ		ギュ		ギョ				テュ	
ジャ		ジュ		ジョ				フュ	
ビャ		ビュ		ビョ				ブュ	
ピャ		ピュ		ピョ					
ン	撥音								
ッ	促音								
ー	長音								

(『外来語の表記』大蔵省印刷局 1991 年より)

練習

以下の日本語の外来語を発音してみましょう。辞書を調べながら、もとの言語とその意味を考えましょう。(録音—5—10)

- ファイナンス
- ドゥーイットユアセルフ
- シェア
- ウィンドー
- チェンジ
- ウォーミングアップ
- ツイッター
- コンディショナー

【コラム　和製カタカナ語】

　時代の変化とともに、外国からの輸入品——外来語が日本語としてどんどん新しく作られています。また、日本人が独自にアレンジを加えたものもあります。それを和製カタカナ語と言います。たとえば、和製カタカナ語の「アバウト」は「おおざっぱな」という意味で、「アバウトな言い方」や「アバウトな人」などのように使われます。和製カタカナ語も外来語の一種なので、外来語の音韻規則が適用されます。

　では、最近巷で流行っているカタカナ語を発音してみて、意味を当ててみましょう。（録音−5−11)

- アットホーム
- オーダーメード
- サイドメニュー
- シャッターチャンス
- ショートカット
- タイムスリップ

【ゲーム　アトラクションの名前を当てよう】

　遊園地にはアトラクションがたくさんあります。アトラクションの絵を見て、どういう名前なのか友達と一緒に考えて、A〜Eの中から選んでください。（録音−5−12）

———　　———　　———　　———　　———

A　メリーゴーランド
B　ジェットコースター
C　回転ブランコ
D　お化け屋敷
E　観覧車

第6章　日本語のイントネーション

学習目標

1. アクセントとイントネーションの関係を理解します。
2. 文中のイントネーションの特徴を理解し、発音を練習します。
3. フォーカスとイントネーションの関係を理解し、発音を練習します。
4. ポーズとイントネーションの関係を理解し、発音を練習します。
5. 文末のイントネーションの特徴を理解し、発音を練習します。
6. 終助詞「よ」と「ね」のイントネーションの特徴を理解し、発音を練習します。

　第4章では日本語のアクセントについて紹介しましたが、アクセントを間違えてしまうと、単語の意味が変わったりして、誤解を招くことがあります。この章では、日本語のイントネーション（中国語では「語調」という）について紹介します。イントネーションは、その言語の発音が「自然な発音」に聞こえるためには非常に重要であると言われています。たとえば、母音や子音の発音に少々問題があっても、全体のイントネーションが自然であれば、母語話者が聞いた時の評価が高いと言われています。逆にイントネーションを間違えてしまうと、文全体が滑らかに聞こえなかったり、聞き手に気持ちがうまく伝わらなかったり、コミュニケーションにおいて支障をきたすこともあります。そのため、最近の音声教育では、一つ一つの音の発音の仕方だけでなく、文全体のイントネーションをより重視するようになってきました。

第1節　アクセントとイントネーション

　イントネーションの勉強に入る前に、まずアクセントとイントネーションの相違点を整理しておく必要があります。簡単にいえば、単語レベルでの高さの変化をアクセントと呼び、文レベルでの高さの変化をイントネーションと呼びます。では、アクセントとイントネーションの

第6章　日本語のイントネーション

間に関係があるのでしょうか。あるとしたら、どのような関係があるのでしょうか。まず、以下のことを考えてください。

【考えてみよう】
　AさんとBさんが食事をしています。次の会話を聞いて、三つの「しょうゆ」のアクセントとイントネーションについて考えてください。（録音−6−01）
　A：しょうゆ、取ってくれる？
　B：しょうゆ？↗
　A：うん、しょうゆ。→

　【考えてみよう】では、同じ「しょうゆ」でも発音が違うことに気付きましたか。AさんはBさんに「しょうゆを取ってください」とお願いし、次にBさんはAさんに「あなたがほしいのはしょうゆでいいですか」と問い返し、それに対してBさんは「その通り、しょうゆです」と答えています。この三つの「しょうゆ」の発音は明らかに違います。最初の「しょうゆ」は通常の発音です。2番目は「しょうゆ」の「ゆ」の途中から急に上昇させています。3番目は「しょうゆ」の「ゆ」を低いピッチのまま終わらせています。このように、文の最後にピッチを上昇させれば「疑問」のイントネーションになり、文末を低く平らに保てば「応答」のイントネーションになるのです。文末が上昇すれば「疑問」を表すという特徴は、多くの言語に共通しているのです。
　また、三つの「しょうゆ」のどれも「低高高」というアクセント型で発音しています。日本語の特徴として大切なのは、文の中で単語自身に備わったアクセントが変わらないということです。つまり、発音の違いはアクセントではなく、文末のイントネーションに現れているのです。単語ごとの高低パターン（アクセント型）は文の種類によって変わることはありません。
　たとえば、疑問イントネーションでも、単語に備わったアクセントをきちんと残して発音します。その上で、聞きたい部分を他より少し高くします。では、以下の例を見てください。疑問のイントネーションをつけていますが、この場合も単語本来のアクセント型は変わりません。（　　　）の中の発音は単語本来のアクセントです。（録音−6−02）

- 会議は、5時？　　　　　　　　　　　　　　　（ご⌐じ）
- パーティーは、あした？ あさって？　　　　　（あした、あさ⌐って）
- どのジュースを飲む？ オレンジ？ アップル？　（の⌐む、オレ⌐ンジ、ア⌐ップル）
- サイズはどうします？ 大？ 中？ それとも、小？（だ⌐い、ちゅ⌐う、しょ⌐う）

このように、イントネーションの特徴は、文になるときには初めて現れます。アクセントとイントネーションはともに「高さ」に関わっていますが、現れる範囲が異なるのです。アクセントが単語レベルでのピッチ変化であるのに対して、イントネーションは句や文レベルでのピッチ変化ということになります。両者の違いをまとめると、表6-1のようになります。

表6-1

アクセント	イントネーション
単語レベルで現れます。	文レベルで現れます。
単語ごとに、アクセントの型が決まっています。	決まった型はないが、実際の高さの変化として、いろいろなパターンが現れます。
「￣」で表します。	「⌒」のように表します。

つまり、文全体がどのような音の高さの変化で発音されるかを見たとき、この高さの変化をイントネーションと言います。また、文の中での位置に関しては、イントネーションは文中イントネーションと文末イントネーションに分けられます。

文中に現れるイントネーションは主に2つの機能を持っています。それについては第2、3、4節で紹介します。

- 文全体を一つのなめらかなまとまりにする。
- 聞き手に伝えたい部分を強調して伝える。

また、文末に現れるイントネーションは、主に以下の2つの機能を持っています。それについては第5、6節で紹介します。

- 聞き手に何かを働きかける。
- 自分がどう感じるかを伝える。

練 習

1. 友達とペアになって、次の会話を練習してみましょう。下線の部分を、疑問イントネーションで発音してください。(録音—6-03)

    例 A：えっ、それ<u>ほんとう</u>？　　B：うん、ほんとう。
    - A：これ、<u>たべてもいい</u>？　　B：ええ、いいよ。
    - A：あの人、だれ？<u>山田先生</u>？　　B：えっ？ちがうよ。
    - A：もう<u>帰る</u>？　　B：うん、今日はちょっと。
    - A：あとどのぐらい<u>かかる</u>？　　B：えーと、あと5分かかる。

2. あなたは友達と一緒に食事に行く約束をしています。友達の意見を聞いて、日にちと時間、食べたいものを決めましょう。

まず、会話に出てきそうな言葉を発音してみましょう。最後の空欄に自分の食べたいものを書いてみて、発音してみましょう。

	通常に言う時	確認や問い返す時
今　　日	きょう→	きょう↗
明　　日	あした→	あした↗
夕方6時	ゆうがたろくじ→	ゆうがたろくじ↗
ハンバーガー	ハンバーガー→	ハンバーガー↗

次に、友達の意見を聞いてください。そして、食事の日にち、時間と食べるものを決めてください。たとえば、

A：今日がいい？
B：今日？今日はバイトがあるから…
A：そうか。じゃ、明日は？
B：明日は暇だから、いいよ。何時がいい？
A：6時はどう？
……

第2節　文中のイントネーションの「大ヤマ」と「小階段」

「日本語の発音はどんな印象ですか」と聞くと、おそらく一番多い答えは、「日本語は全体的に平らな感じ」という感想でしょう。日本語はなぜ平らな印象を与えるのでしょうか、考えたことがありますか。この節（文中のイントネーション）を読めば、少しヒントが得られるかもしれません。

文中のイントネーションの機能の一つとして、「文全体を一つのなめらかなまとまりにする」というのが挙げられます。しかし、ここで注意すべきなのは、「なめらかなまとまり」とは決して文全体を抑揚せずに、フラットに発音すればいいというわけではありません。逆に、イント

ネーションが上がるべき個所に上がらなかったり、下がるべき個所に下がらないと、不自然な発音になってしまいます。では、実際に文中のイントネーションはどのようにこの機能を果たしているのでしょうか。まず、以下の例を見てみましょう。

【考えてみよう】
　以下の文のイントネーションの高低変化はどのようになっているか、考えてください。
（録音－6－04）

(1)　さかなをたべます。　　おみずをのみます。　　やさいがあります。
(2)　おかしをたべま￥す。　　むぎちゃをのみま￥す。　　たま￥ごがありま￥す。
(3)　なっと￥うをたべます。　コーヒーをのみま￥す。　　せんせいがいま￥す。
(4)　トマ￥トをたべま￥す。　ミ￥ルクをのみま￥す。　　キャ￥ベツがありま￥す。

　これらの文のイントネーションの形を見ると、まず全体的に、一つの文のイントネーションは、一つの山の形をしていることがわかると思います。この山のような形をしたイントネーションのまとまりを、イントネーションの「ヤマ」と呼びます。これは日本語の文中イントネーションの基本となる形です。文を全体的に見て、一つのヤマのまとまりになって、文末に向けて緩やかに下降していきます。文の中で何回も上がったり下がったりすることは決してありません。そのため、日本語のイントネーションは「平らな印象」を与えるのでしょう。
　例(1)の場合は文全体のイントネーションが一つの「大きなヤマ」の形をしています。一方、例(2)(3)(4)の場合は、「大きなヤマ」のほかに「小さな階段」も見えます。しかも、文頭に近い最初のヤマが最も高く、次から文末に向けて低くなるようになっています。特に例(4)は文頭から急激な傾きを見せています。「大きなヤマ」と「小さな階段」はどういうところで形成されているのか、よく観察すると、どうやら単語アクセントの下がり目の位置と関わっているようです。イントネーションの「ヤマ」と「階段」は単語アクセントの下がり目に生じているのです。日本語の文中イントネーションはアクセント核があるたびに少しずつ下がるようになっていて、そのイントネーションを図にすると、次のように表すことができます。

第 6 章　日本語のイントネーション

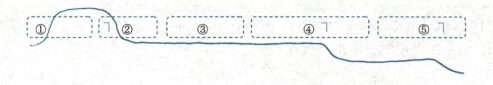

図 6-1

　図 6-1 を説明しますと、まず、文の一番初め①でイントネーションが上昇します。それから、②のアクセントの下がり目があるところまで、ずっと高いイントネーションが保たれます。文中の一番はじめに出てきたアクセントの下がり目で、イントネーションは高→低に下がります。これは最初の「大ヤマ」です。その後、一度下がったイントネーションは次の④のアクセント核が現われるまで維持されます。その後、また⑤のアクセント核のある単語が出てきたら、イントネーションがさらに少し下がります。これらのイントネーションの下降は「小階段」と呼ぶことができます。④⑤のようにいくつかの「小階段」が連なっている様子はまるで「段々畑」のようになっていて、それに合わせて声の高さが文末に向けてだんだん下がっていきます。文が終わるまで、核があるたびに、少しずつ下がっていくようになっていて、特別な意図がなければ、再び上がることは普通ありません。したがって、一つの文においては、イントネーションの「大ヤマ」が一つしか存在しないが、「小階段」はその文に含まれる単語のアクセントによっていくつか存在することがあります。

　このように、イントネーションとアクセントは切っても切れないような関係です。文中イントネーションの「ヤマ」の形は、その文に含まれる単語アクセントによって決められているのです。

イントネーションのヤマの規則

1. 文の最初は同じ高さが続きません。
2. アクセント核があるところまで下がりません。
3. 最初のアクセント核で大きく下がります。
4. 2つ目のアクセント核から、そのたびに少しずつ下がります。

練 習

　録音を聞いてください。文中のイントネーションの曲線を見ながら、以下の文をシャドーイングしてみましょう。シャドーイングの方法は【コラム　シャドーイングで発音練

習】を参考にしてください。（録音―6―05）

(1) 今日はとても天気がよかったです。

きょうはとてもてんきがよかったです。

(2) 卒業後、日本へ留学に行こうと思います。

そつぎょうご、にほんへりゅうがくにいこうとおもいます。

(3) 昨日は友達といっしょに映画を見に行きました。

きのうはともだちといっしょにえいがをみにいきました。

(4) 昨夜は遅くまで起きていました。

ゆうべはおそくまでおきていました。

(5) 私には弟と妹がいます。

わたしにはおとうとといもうとがいます。

【コラム　シャドーイングで発音練習】

「シャドーイング」とは、外国語の音声を聞いて、すぐあとについて同じように発音する練習方法です。「シャドーイング」は、単なる「リピーティング」とは異なり、「リピーティング」はモデル音声を聞き終わってから繰り返すが、「シャドーイング」はモデル音声より少し遅れて真似をして繰り返します。文全体を繰り返すのが難しい場合は、言えるところだけ繰り返してもいいです。

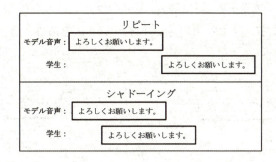

このような練習は、まず、聞く力のトレーニングになり、発音のトレーニングにも適しています。好きな俳優やニュースレポーターになったつもりで練習すると、楽しくシャドーイングができます。また周りの日本人の生の発音を聞いて真似をすることもできます。練習しているうちに自然な日本語らしい発音、アクセント、イントネーションが総合的に身につくようになります。ぜひ楽しくシャドーイングを実践してみてください。

第3節　フォーカスとイントネーション

一、フォーカスとは

第2節では、文中イントネーションの一つ目の機能である「文全体を一つのなめらかなまとまりにする」について紹介しました。文中イントネーションにはもう一つ大きな機能を持っています。それは「聞き手に伝えたい部分を強調して伝える」という機能です。第3節では、この機能について詳しく見ていきましょう。まず、考えてください。

【考えてみよう】
　以下の二つの文を聞いてください。意味が同じでしょうか。発音はどのように違いますか？どちらが自然でしょうか。（録音－6－06）
(1) 映画を作りました。　　　(2) 映画を作りました。

　(1)と(2)ではどちらが自然に聞こえますか。強調などの特別な意図がない限り、明らかに(1)のほうが自然に聞こえます。これに対して、(2)は、後部の動詞「つくりました」が強調されているように聞こえます。以上の文のイントネーションを曲線で表すと、図6－2のようになります。

(1) 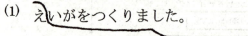　　(2)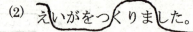

図6－2

　曲線からわかるように、(1)と比べて、(2)ではイントネーションのヤマが二つあるのです。第2節で紹介したように、日本語の文中イントネーションは文頭に近い最初のヤマが最も高く、次から文末に向けてヤマが低くなるようになっているのです。ところが、ここでは敢えて、二つのヤマを形成し、イントネーションを高くすることで、文を部分的に強調する効果を果たしているのです。これを「フォーカス」と言います。大切な部分を強調して発音するには、以下の音声的工夫が必要です。

フォーカスの音声的工夫

1. 強調したい部分の前で、区切って、新たなイントネーションの「ヤマ」を作ります。
2. 強調したい部分を高く言ったり、ゆっくり言ったりします。

二、助詞「は」と「が」のイントネーション

　「は」は主題を取り立てる助詞なのですが、「が」は客観的事実に関わる格助詞なのです。両者の現われる文環境が類似しているため、混同する学習者も少なくありません。ここで注目したいのは助詞「は」と「が」に関わる文中イントネーションです。実は、類似した文環境でもイ

ントネーションがかなり異なっているのです。まず、考えてください。

【考えてみよう】
以下の二つの文を聞いて、発音はどのように違うか考えてください。(録音－6－07)
(1) あの人は<u>私たちの先生</u>です。
(2) <u>あの人</u>が私たちの先生です。

(1)と(2)では、助詞が一字変わっただけで、強調されている部分も変わります。(1)の場合は助詞「は」は主題を表していて、後ろの部分「私たちの先生」が聞き手にとって知らない情報であり、強調される部分です。それに対して、(2)の場合は助詞「が」は総記の意味で、「が」の前の部分「あの人」が聞き手にとっての新情報であり、強調されています。

イントネーションもその変化にしたがって、太字の部分つまり意味的に強調される部分が高くなります。(1)では、「私たちの先生」の部分が文の中で最も高く発音されます。(2)では、「あの人」の部分が最も高いです。このことを「そこにフォーカスを置く」と言います。(1)と(2)の文中イントネーションを曲線で表すと、図6-3のようになります。

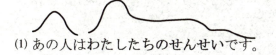
(1) あの人はわたしたちのせんせいです。

(2) あの人がわたしたちのせんせいです。

図6-3

三、疑問詞とイントネーション

疑問文においては、疑問詞の部分の発音が強調される傾向があります。次の二つの文を聞いて、疑問詞のイントネーションについて考えましょう。

【考えてみよう】
以下の二つの文を聞いて、発音はどのように違うか考えてください。(録音－6－08)
(1) 何か　<u>食べます</u>か。
(2) <u>何を</u>　食べますか。

(1)と(2)では、「か」と「を」の一字の違いによって、イントネーションが大きく異なっています。ここでもフォーカスの違いがイントネーションの違いを作り出しているのです。(1)の場合では、聞き手に「食べるか食べないか」について聞いているのですが、食べる内容についての返事は期待していません。それに対して、(2)の場合は、何か食べることを前提に、食べる内容についての返事を期待しています。したがって、「何」という疑問詞にフォーカスが置かれるのです。いずれにしても、それぞれもっとも聞きたい・知りたい部分にフォーカスを置いて、その部分を高く発音します。(1)と(2)のイントネーションを曲線で表すと、図6-4のようになります。

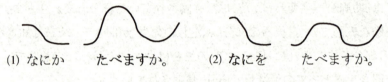

(1) なにか　　たべますか。　　(2) なにを　　たべますか。

図6-4

練習

1. 下線部分は文中で最も強調したい部分です。適切な疑問詞を使って、以下の応答文に対する疑問文を作ってください。文中イントネーションのヤマを考えて、友達と会話の練習をしてください。(録音－6－09)

   例：いつ　友達と　プールで　泳ぎましたか。
   　　<u>昨日</u>　友達と　プールで　泳ぎました。
   (1) _____
   　　昨日　<u>友達と</u>　プールで　泳ぎました。
   (2) _____
   　　昨日　友達と　<u>プールで</u>　泳ぎました。
   (3) _____
   　　昨日　友達と　プールで　<u>泳ぎました</u>。

2. 「百万円あったら」というタイトルで、3分以内で自分の意見を述べてください。聞いている人が知らない言葉や新しい情報があるかもしれません。聞いている人に伝えたいことを強調して、ゆっくり、はっきり言うようにしましょう。
   ヒント：
   　私は百万円あったら、<u>新しい車を買いたい</u>です。今使っているのは古くて、よく壊れるのです…

第4節　ポーズとイントネーション

一、ポーズとは

　中級レベルに入ると、文の構造がだんだん複雑になってきます。書き言葉では、句読点やスペース、改行によって、文の区切りあるいは意味のまとまりが示されています。それに対して、話し言葉の場合は、音声的な無音区間を用いて、文の区切りや意味のまとまりを表しています。この音声的な無音区間は「ポーズ」と呼ばれています。なめらかな発音をするには、文中に適切なポーズを置くことが重要です。

　ポーズとイントネーションはとても密接な関係にあります。文を読むときには「区切り」という短いポーズを入れて、少し休みます。区切りと区切りの間にフレーズは一つのイントネーションのヤマを成します。最初は上がって、だんだん下がるようになっていて、そして最後が少し弱くなります。ポーズは、声を発生しない区間なのですが、実は大きな役割を果たしているのです。どんなに早口でも意味のまとまりの境界にポーズを入れて話すと、聞き手にわかりやすく、なめらかな発音になるはずです。そのため、日本語を話す時には、急ぎすぎて、はっきりしない発音より、区切ってはっきり発音したほうがいいです。

二、ポーズの機能

　ポーズは以下の3つの機能を持っています。① ポーズは息抜きのチャンス、② ポーズは考えるタイミング、③ ポーズは文の区切りと意味のまとまりの境界。以下では、ポーズの機能について、詳しく見ていきましょう。

（一）ポーズは息抜きのチャンス

　文が長くなってくると、一息で最後まで話すことが自然にできなくなります。どこかで休んで、息を継がなくてはなりません。文中の適切な所にポーズを入れて、息抜きするのが大切です。それでは、以下の文章を聞いて考えてください。

【考えてみよう】
　以下の短い文章を聞いて、どのようにポーズを入れるといいか考えてください。文中

の●と●●はそれぞれどういう意味でしょうか。（録音－6－10）

　今日はとても天気が良くて、●あつい日だった。●●学校の帰りに●日本人の友達に●海に行こうと言われたので、●みんなで海に行った。●●東京にはきれいな海がないので、●横浜まで行った。●●3時間ぐらいかかったが、●車の中では●日本の音楽を聞いたり、●友達と日本語で話をしたりして●楽しかった。●●海に着いてから●海に入ろうとしたが、●水が冷たかったので●入るのをやめた。●●新しいことばも教えてもらった。●●一番おもしろかった言葉は●「海の家」だ。●●最初わたしは●「海の家」は誰かの家だと●思っていた。●●でも、●そこは夏の間だけ●海にあって、●海に泳ぎに来た人が休んだり●食事をしたりするところだそうだ。●●今は5月だから、●まだ海の家はないが、●今年の夏は●みんなでいろいろな海に行こうと話した。

　実は、●には短めのポーズ、●●には長めのポーズが置かれています。ここでいう「短め」と「長め」とは、相対的な時間の長さを意味します。まず、文の終わりに長めのポーズ●●を置きます。次に、読点のところに短めのポーズ●を置きます。さらに、句読点がなくても、文中の意味のまとまりを示して、短めのポーズ●を置いて発音します。このように文中に様々なポーズを入れて、息を継ぎながら長い文章を発音するのです。

(二) ポーズは考えるタイミング

　文中のポーズは話し手だけでなく、聞き手にとっても大事です。なぜかというと、ポーズは聞き手が話し手の話す内容を考えたり、理解したり、推測したりする大事な時間なのです。ポーズのない話はとても聞きにくくなります。では、考えてみましょう。

【考えてみよう】
　先ほどと同じ文章を聞いてください。先ほどとどのように違いましたか。どのような印象を受けましたか。（録音－6－11）
　今日はとても天気が良くてあつい日だった学校の帰りに日本人の友達に海に行こうと言われたのでみんなで海に行った東京にはきれいな海がないので横浜まで行った3時間ぐらいかかったが車の中では日本の音楽を聞いたり友達と日本語で話をしたりして楽しかった海に着いてから海に入ろうとしたが水が冷たかったので入るのをやめた新しいこと

> ばも教えてもらった一番おもしろかった言葉は「海の家」だ最初わたしは「海の家」は誰かの家だと思っていたでもそこは夏の間だけ海にあって海に泳ぎに来た人が休んだり食事をしたりするところだそうだ今は5月だからまだ海の家はないが今年の夏はみんなでいろいろな海に行こうと話した。

　この文章を聞いて、息が苦しくなったと答える人がいます。確かに、息が詰まっている、あるいは息ができないという印象を受けます。それだけでなく、先ほどと全く同じ文章なのに、聞き手にとってはわかりにくく、意味もほとんど伝わっていないでしょう。なぜ同じ文章なのにわかりにくくなったのかというと、それはポーズを入れていなかったからだと思われます。ポーズは話し手にとっての息抜きのチャンスであると同時に、聞き手にとっての考えるタイミングでもあるのです。

(三) ポーズは文の区切りと意味のまとまりの境界

　なめらかな発音をするには、文中に適切なポーズを置くことが重要です。たとえば、ポーズの挿入位置によって、異なる意味を表すことができます。まず、考えてください。

> 【考えてみよう】
> 以下の文の発音を聞いて、意味の違いについて考えてください。（録音－6－12）
> (1) 自転車で●逃げる泥棒を追いかける。
> (2) 自転車で逃げる泥棒を●追いかける。

　(1)の場合は「警官が自転車に乗って、逃げる泥棒を追いかける」場面ですが、(2)の場合は「自転車に乗って逃げている泥棒を、警官が追いかけている」場面が想像できます。書き言葉で表すと全く同じ文章なのですが、ポーズという音声的表現によって、異なる意味を表すことが可能になります。二つの文のイントネーションを曲線で表すと、図6-5のようになります。

　(1)と(2)の曲線の形状が異なっていることがわかります。曲線からわかるように、ポーズの後に新たなイントネーションを立ち上げて、意味のまとまりを示すことができます。このように、ポーズの挿入位置によって、異なる表現意図を表せます。逆に言うと、ポーズの挿入位置を間違えて発音すると、誤解を招く恐れもあります。

(1) 自転車で●逃げる泥棒を追いかける。

(2) 自転車で逃げる泥棒を●追いかける。

図6-5

練 習

1. 以下の文章を聞いてください。ポーズに注意しながら、シャドーイングしてみましょう。シャドーイングの方法は【コラム　シャドーイングで発音練習】を参照してください。（録音－6－13）

　　十二月になると●あちこちで忘年会の準備が始まる。●●景気のいいときは●忘年会のあと●二次会、●三次会と飲み続け、●電車がなくなって●タクシーで帰るサラリーマンもいた。●●だが、●このごろは景気がよくないので、●忘年会の予算も縮小する会社が多くなった。●●

　　飲食店やホテルなどは、●客を集めるために●いろいろな工夫をする。●●平日や昼間は割引をする、●人数が多ければ割引をする、●カラオケの機械を無料で貸す、●くじに当たれば●ホテルの宿泊券を出すなど。●●温泉旅館も忘年会を売り込む。●●温泉に入ると●疲れがとれるし、●飲みすぎても●すぐに帰って寝られるからいいと●旅館側は宣伝する。●●

　　しかし最近、●職場単位の忘年会は減る傾向にあるという。●●気の合った友達や同僚など数人のグループで●会を開く傾向が出てきた。●●また、●料理の配達を頼んで●家庭でパーティーをする人が多くなった。●●以前は忘年会の時期になると●飲めない人は無理に飲まされる心配をしたり、●幹事をやらされる心配をしたり、●隠し芸の練習をするなど、●会社員はいろいろな苦労があったようだ。●●職場中心主義が薄れたことや●景気のよくないことは、●こうした人たちにはありがたいことだろう。

縮小：しゅくしょう　職場単位：しょくばたんい　幹事：かんじ　隠し芸：かくしげい
中心主義：ちゅうしんしゅぎ　薄れた：うすれた

（『日本語ジャーナル』2001年12月号より）

2. まず、以下の文の意味を考えながら、aかbの一つを選んで発音してください。次に、どれを発音したかを友達に当ててもらいましょう。(録音－6－14)
   (1) 冷たい水と牛乳があります。
       a 冷たい水と牛乳が●あります。(両方冷たい)
       b 冷たい水と●牛乳があります。(水だけ冷たい)
   (2) 教室で考えていることを発表しました。
       a 教室で考えていることを●発表しました。(教室で考えている)
       b 教室で●考えていることを発表しました。(教室で発表した)
   (3) 難しい筆記試験と面接試験を受けました。
       a 難しい筆記試験と面接試験を●受けました。(両方難しかった)
       b 難しい筆記試験と●面接試験を受けました。(筆記試験だけ難しかった)

第5節　文末のイントネーション

　日本語の文末イントネーションは様々な種類があります。話し手は文末イントネーションの音声的要素を変化させることで、とても多くの感情や意味を表すことができます。文末が上昇するかしないか、音の高さがゆっくり変化するか速く変化するか、高さの変化の幅が大きいか小さいか、文全体の高さによって、いろいろな気持ちを表すことができます。また、違う音声的要素では全く異なる意味が聞き手に伝えられてしまう場合もあります。

【考えてみよう】

　これはある留学生の実話です。留学生Aさんは日本に来たばかりで、日本人の保証人のBさんがAさんの面倒をいろいろと見てあげました。ある暑い日に、BさんがAさんの部屋探しのことでいろいろ走り回りました。帰ってきたBさんがAさんと次のような会話をしました。最後に、Bさんはどうして不機嫌そうな顔をしたのか、考えてみてください。(録音－6－15)
　B：今日は暑いね、いろいろお部屋を見てきたよ。
　A：あ、そうですか↗。(疑問のように言った)
　B：……(不機嫌そうな顔)

Bさんはどうして気分を悪くしたのか、おわかりですか。Aさんの上昇イントネーションで言った「そうですか」はまるでBさんがやったことを疑っているようでした。Bさんはそれを聞いて、きっと次のように思ったでしょう。「あんたのために、一日汗びっしょりよ、そんな言い方ないじゃないの」と。そのため、文末イントネーションは円滑なコミュニケーションを行うには非常に重要なことなので、しっかり勉強しておきましょう。

　日本語の文末イントネーションを勉強する時には、「日本語の文末イントネーションは何種類か」とか、「このイントネーションは何型なのか」とかには、あまりこだわらなくてもいいでしょう。実際に、日本語のイントネーションは何種類あるかということについても定説はありません。ここでは、解説の便宜上、文末の音の高低変化にしたがって、日本語のイントネーションを「上昇」と「非上昇」に分けたいと思います。

一、文末の上昇イントネーション

　上昇イントネーションの代表的なものは、疑問を表す文ですが、そのほかにも、聞き手に確認したり、反問したり、呼びかけたりするときなど、聞き手に働きかけて、相手からの答えを期待する時に使われます。たとえば、(録音—6—16)

(1) (会社で)
　　A：会議会場は2階ですか？↗（質問）
　　B：はい、2階の会議室です。
(2) (教室で)
　　単語（一語文）を上昇イントネーションで言う時にも、質問になります。
　　A：授業は何時？↗ 5時？↗ 6時？↗（質問）
　　B：5時。
(3) (大学で)
　　A：日本語のテストは、来週の火曜日ですよね。
　　B：へえ、そうですか？↗ 水曜日って聞きましたよ。（疑問）
(4) (大学で)
　　A：あの授業、つまらないですね。
　　B：そうですか？↗ 私は好きですよ。（疑問、確認）
(5) (友人の家)
　　A：日本語が上手ですね。
　　B：いや、まだまだですよ。勉強を始めてまだ半年ですから。
　　A：そうですか？↗ そんな風には見えませんね。（疑問、驚き）

このように、日本語では質問や疑問を表す時は、上昇イントネーションで言うのが普通です。もし、質問なのにイントネーションが上昇しなかったら、質問ではなく別の意味になるので注意しましょう。たとえば、(録音―6―17)

(6)（学校で）

　A：先生、お願いがあるのですが。

　B：**なんですか。↗**（どうぞ、言ってください）

(7)（学校で）

　A：先生、お願いがあるのですが。

　B：**なんですか。↘**（うんざりだ。今は忙しいから、後にしてほしい）

日本語では、文末のイントネーションの上昇は最後の拍に現れます。アクセントの核があるところでは上昇イントネーションであっても必ず下がります。疑問文では、文末の最後の拍だけ上がり、文全体が上昇イントネーションになるわけではないので、気をつけましょう。

二、文末の非上昇イントネーション

非上昇イントネーションは、納得、落胆（がっかり）、ためらい、無関心などを表すものですが、それ以外の平叙文、丁寧に意見を求める際にも使われます。たとえば、(録音―6―18)

(1)（事務所で）

　A：締め切りは昨日でしたので、もう受け付けられません。

　B：**そうですか。↘**しかたがありませんね。（落胆）

(2)（レストランで）

　A：ここは、わたしが。

　B：えっ、でも…。

　A：わたしが誘ったんですから、払わせてください。

　B：**そうですか…。→**じゃ、今日はごちそうになります。（ためらい）

(3)（会社で）

　A：ねえ、知っている？タレントのゆみが結婚するんだって。

　B：へえ、**そうですか。→**ところで、ゆみって誰？（無関心）

人類のコミュニケーション活動において、イントネーションは意味だけでなく、話者の気持ちや感情伝達の重要な役割も果たしています。そのほか、単語アクセントも文イントネーションと切っても切れない関係があります。この一連の韻律変動を理解するのはなかなか難しい

です。この教材ではイントネーションのピッチ変動をピッチカーブで描く工夫を施しました。そのほか、音響分析ソフトでイントネーションを視覚的提示することも考えられます。そうすることで、イントネーション曲線の高低変化をリアルに観察・比較することが可能です。その詳細は【付録2】を参照してください。

練習

1. 例のように、文中の語彙を使って、疑問の上昇イントネーションで発音してみましょう。（録音―6―19）

   例：明日、飛行機でアメリカへ行きます。（明日、飛行機で、アメリカへ、行く）

   A：明日↗？　　　　　　　B：ええ、明日↘。
   A：飛行機で↗？　　　　　B：ええ、飛行機で↘。
   A：アメリカへ↗？　　　　B：ええ、アメリカへ↘。
   A：行く↗？　　　　　　　B：ええ、行く↘。

   (1) 屋根の下に雀の巣があります。（屋根の下に、雀、雀の巣、ある）
   (2) 帰りの便は明後日の午後5時になります。（行きの便、帰りの便、明後日、5時）

2. 「帰る」という言葉のいろいろな言い方を聞いてください。話し手はそれぞれどのような気持ちで言っているのだろうか、考えてみましょう。（録音―6―20）

   (1) ＿＿＿＿＿＿　　　　(4) ＿＿＿＿＿＿
   (2) ＿＿＿＿＿＿　　　　(5) ＿＿＿＿＿＿
   (3) ＿＿＿＿＿＿　　　　(6) ＿＿＿＿＿＿

3. 会話でよく使う「じゃない」と「でしょう」、「でしょうか」のイントネーションを練習しましょう。話し手の気持ちを考えて、下線部分に↗や↘、→を書いてください。そして、友達と一緒に会話の練習をしてみましょう。（録音―6―21）

   (1)（体育館の前で）
   　　　A：ここは図書館↗？　　　B：いえ、図書館じゃない。
   (2)（大学で）
   　　　A：あの人、先生じゃない？　B：本当だ。
   (3)（家で）
   　　　A：狭い家だけど、どうぞ。　B：へえ、けっこう広いじゃない。
   (4)（テレビの占いコーナー）
   　　　アナウンサー：本日、血液型がB型の方は赤い服を着て、出かけたほうがいいでしょう。

(5)（教室で）
　　A：明日のクラス会、佐藤君も来る<u>でしょう</u>。
　　B：ええ、行くつもりです。
(6)（会社で）
　　A：急に雨が降ってきたからね。駅から走ってきました。
　　B：それは大変だった<u>でしょう</u>。こんなにも濡れちゃって。
(7)（会社で）
　　部下：課長、少し熱があるみたいなのですが、申し訳ないんですが、午後休んでもよろしい<u>でしょうか</u>。
(8)こんなに晴れているので、傘は要らないんじゃない<u>でしょうか</u>。
(9)こんな馬鹿げた話、誰が信じる<u>でしょうか</u>。

【コラム　キャラクターと発音】

　熱血少年から頑固おやじまで、アニメの声優さんはバーチャルな世界のキャラクターを演じ分けています。声優さんはセリフの発音を調整しながら、声で様々なキャラクターを演じることができます。またわれわれ聞き手は役の声を聴きながら、どういうキャラクターなのかを想像します。例えば、以下のようなキャラクターと発音例があります。どのような発音になるのでしょうか。

キャラクターと発音

キャラクター	ことば	声の特徴
真面目な男子大学生	ありがとうございます	落ち着いている、はっきり
元気な女子大生	わあ、ありがとう！	大きい、明るい
上品なお母さん	ありがとうございます	やわらかい、ゆっくり
やさしいおじいさん	おお、ありがとさん	ゆっくり、低い
セクシーなお姉さん	んふ、ありがと	鼻声、ゆっくり
ぶりっ子	ありがとう	かわいい、高い
チャラ男	あざっす	はやい、かるい
大阪のおばちゃん	ありがとぉ	はっきり、元気

木下・中川(2019)を参考にした。

また滑らかにコミュニケーションをするとき、自分の感情（嬉しさや悲しさなど）をうまく言葉に乗せて相手に伝えることが大事です。普段あまり練習したことはないと思うのですが、ここで喜怒哀楽の感情を込めて、日本語の発音を練習してみましょう。

感情と発音

感　情	ことば	声の特徴
嬉しいや楽しい時	ああ、ありがとう！	元気、はっきり、高い
怒っている時	ええ？何ですか？	はやい、抑揚が激しい
悲しい時	ごめんなさい…	低い、ゆっくり

第6節　終助詞「よ」と「ね」のイントネーション

　日常会話では、文末に「よ」と「ね」のような終助詞がよく見られます。実はそのイントネーションは様々で、話し手のいろいろな気持ちを表すことができます。この節では、終助詞「よ」と「ね」の上昇イントネーションと非上昇イントネーションについて見てみましょう。

一、終助詞「よ」と「ね」の上昇イントネーション

　まずは、終助詞「よ」と「ね」の上昇イントネーションについて見てみましょう。以下のことを考えてください。

【考えてみよう】
　以下の4つの文を聞いて、それぞれの「よ」「ね」の意味を考えましょう。（録音－6－22）
(1) a　とてもおもしろい小説でした**よ↗**。
　　 b　とてもおもしろい小説でした**ね↗**。
(2) a　このケーキはとても甘い**よ↗**。
　　 b　このケーキはとても甘い**ね↗**。

終助詞「よ」と「ね」は日本語の会話によく現れ、気持ちを伝える大きな役割を果たしています。【考えてみよう】で取り上げた「よ」で終わる文は聞き手に新情報を与えるという意味です。一方、「ね」は聞き手に確認したり、同意を求めたりする時に使います。たとえば、(1) aの文はまだその小説を読んでいない聞き手に、すでに読んだ話し手が小説について話しかけている場面が推測されます。話し手が聞き手に「この小説はおもしろいです」という新情報を提供しています。それに対して、(1) bの文は二人とも読んだ小説について話している場面が考えられます。話し手が自分の考えを述べ、聞き手にその考えについて同意を求めています。(2) の文も同じように説明できます。(2)aの文はまだケーキを食べていない聞き手に、ケーキの味を伝えています。一方、(2)bの文は二人ともケーキを食べていて、その味について話し合っています。それで、終助詞「よ」と「ね」の上昇イントネーションを以下のようにまとめることができます。

> **「よ」と「ね」の上昇イントネーション**
> 「よ」：話し手の感情や判断を聞き手に伝えたり、聞き手に新情報を与えます。
> 「ね」：話し手の考えについて聞き手に確認したり、同意を求めたりします。

終助詞「ね」は相手に同意を求めたり、確認したりするときにはほとんど上昇イントネーションになります。普通は少し上昇しますが、相手の答えを強く求める時は大きく長く上昇します。たとえば、(録音-6-23)

- 明日絶対に来てくださいね↗。

「明日、あなたが来なければなりません」と、聞き手に必ず来るように強く要求・命令しているように聞こえます。

二、終助詞「よ」と「ね」の非上昇イントネーション

終助詞「よ」は、上昇イントネーションで発音する場合もあれば、非上昇イントネーションで発音する場合もあります。非上昇（下降）イントネーションで発音する場合は、話し手と聞き手の認識や意見が食い違っていることが強調されます。驚き、落胆、不満の気持ちを表すことが多いです。たとえば、(録音-6-24)

- 約束の時間は5時です よ↘。電話で確認したじゃありませんか。（落胆、不満）
- えっ、センスが悪い↗？ そんなことない よ↘、きれいだ よ↘。（驚き、不満）
- 残業なんていやだ よ↘、もう疲れた よ↘。（不満）

　終助詞「ね」の場合は、ただ自分の気持ち・感嘆を表す時、あるいは相手の発言に対して同意を表す時は、非上昇イントネーションで発音されます。たとえば、(録音－6－25)

- A：今日は暑いです ね↗。
  B：そうです ね↘。もう夏です ね↘。

　また、「ね」の非上昇イントネーションは話者の驚きや不満などの感情を表す表現に用いられることもあります。たとえば、(録音－6－26)

- まだ春だと言ってるけど、もう夏だ ね↘。（驚き）
- この部屋、意外と広いんだ ね↘。（驚き）
- 「お金を出す」と言ったのに、なかなか出してくれない ね↘。（不満）

　文末に「よ」と「ね」が単独に使われるほか、「よね」のように重ねた形で出てくる場合もあります。たとえば、(録音－6－27)

- A：昨日は本当にいい天気だった よね↘↗。
  B：うん、天気がよかった ね↘。

　「よね」のイントネーションは、「よ」で下がってから、「ね」で上がります。その場合は、話の聞き手に強く同意を求めています。

練習

　録音を聞いてください。終助詞「よ」と「ね」の意味を考えながら、以下の文を発音してください。友達とペアになって、お互いの発音を聞きましょう。(録音－6－28)

- もう9時だ よ、早く起きなさい。（呼びかけ）
- 日差しは強い よ、日傘を持って行きなさい。（情報提供）
- このパンはおいしい よ、食べてごらん。（情報提供）

- 授業は8時からです**ね**。(確認)
- 君ももちろん行きます**ね**。(確認)
- みんなで行こう**ね**。(同意求め)

【コラム　感嘆詞のイントネーション】

　日本語の話し言葉においては、感嘆詞がよく使われます。感嘆詞のイントネーションはさまざまで、話し手の気持ちを表すことができます。上昇イントネーションの場合は、驚きや疑問を表すことが多いですが、下降イントネーションの場合は、落胆や失意などネガティブな気持ちを表すことが多いです。また、「あの(う)」など平坦なイントネーションで発音する感嘆詞もあります。表6-2にはよく使う感嘆詞を整理してみました。録音を聞きながら、状況や場面に応じたイントネーションを考えてみましょう。(録音-6-29)

表6-2

感嘆詞	イントネーション	状況、場面	例文
あの/あのう	平坦	遠慮したり、相手に話しかけたりする場合	あのう、お名前はなんでしょうか。
あっ	平坦	軽く驚いた場合	あっ、山本先生!
ああ	平坦	強く納得する場合	ああ、なるほど、そうですか。
へえ	上昇	驚いたり、感心したりした場合	へえ、本当? 信じられない! へえ、すごいね。
あれ	上昇	疑う場合	あれ? 何だっけ?
ええっ	上昇	強く驚いた場合	ええっ、た、たかいんですね。
うわあ	上昇	驚いた場合(女性)	うわあ、かわいーい。
はあ	下降	がっかりした場合	はあ、もうだめだ。
もう	下降	落ち込んだり、怒ったりした場合(女性)	もう、いやだあ。
そう	下降	がっかりした場合	そう、それは残念ですね。
ううん	下降上昇	否定する場合(女性)	ううん、別に、そんなことないよ。

【ゲーム　サバイバル生活について語ろう】

　無人島へ行って、1週間サバイバル生活をすることになりました。グループになって、持っていくものについて相談しましょう。一グループにつき、5種類しか持っていけません。必要になるのは、以下のようなものです。単語アクセントはOJADなどで調べておいてください。グループでよく相談して、発表してください。

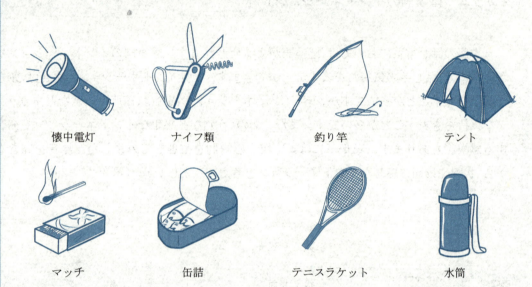

懐中電灯　　　ナイフ類　　　釣り竿　　　テント

マッチ　　　缶詰　　　テニスラケット　　　水筒

付録1　音声分析ソフトPraatの使用方法

　Praatは、オランダのアムステルダム大学のPaul Boersma氏とDavid Weenink氏によって開発された音声分析ソフトウェアです。高機能で、近年では多くの音声研究に用いられています。Praatを用いて音声の強さ、高さなどの物理的要素をそれぞれ取り出して可視化することができるし、またスクリプト（簡単なプログラム）を書くことによって作業を半自動化することができます。ちなみに、Praatはオランダ語で「話」という意味です。ここでは、みなさんが日本語の発音を勉強する際に用いられる便利な基本操作をいくつか紹介します。

一、Praatの起動

　まず、公式サイトでPraatの最新バージョンをダウンロードします①。保存された場所にpraatのようなアイコンが現れます。これをダブルクリックすると、以下のように二つのウィンドウが表示されます（図1）。左側のウィンドウはオブジェクトウィンドウ（Object

図1　起動画面

---

　①　Praat公式サイトwww. fon. hum. uva. nl/praat/（2020年3月現在）より最新版をダウンロードしてください。本書で紹介されているのはVer. 6.1で、バージョンによっては、操作方法が異なることがあるので、ご注意ください。

Window)で、そこで音響解析に関わる様々な操作をすることができます。右側のウィンドウはピクチャーウィンドウ(Picture Window)で、音声波形やスペクトログラムなどを含んだ画像を作る時に用いられます。

二、Praatの録音・保存・再生

1. Praatで録音する

　Praatを使って録音してみましょう。まず、Praatを起動し、マイクを接続します。ボリュームを調節し、録音できるように準備します。次に左側のオブジェクトウィンドウの上部メニューから【 New → Record mono Sound...】を選ぶと、SoundRecorderというウィンドウ(図2)が現れます。

　図2を見ながら、操作手順を説明します。1のChannelsをMonoにします、2のSampling frequencyを44100Hzにします、3で録音ファイルの名前をつけます。ここでは「 sample 」をつけています。図2の真ん中部分は音声振幅メーターで、録音時に音声の大きさに応じて増減するようになっています。できるだけ大きい音声を録音した方がいいのだが、オーバーしないように気をつけなければなりません。最後に、4の【 Record 】をクリックし、録音を開始します。

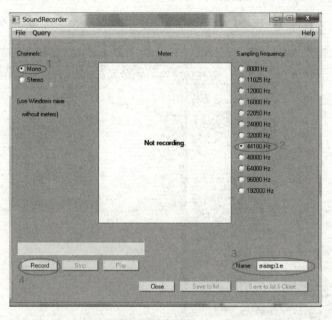

図2　録音画面

2. Praatで音声ファイルを保存する

　録音が済んだら、【 Stop 】をクリックします。録音した音声をもう一度聞きたい場合は、【 Play 】をクリックし音声を再生できます。次は録音した音声ファイルを保存します(図3)。5

の【File → Save as WAV file...】を選んで、保存先を決めて、保存してください。最後に、SoundRecorderのウィンドウを閉じます。

図3　保存画面

3. Praatで音声を再生する

パソコンに保存されている音声ファイルを再生したい場合は、以下のような操作をします。まず、図4のように音声ファイルを取り込んでください。次に左側のオブジェクトウィンドウ

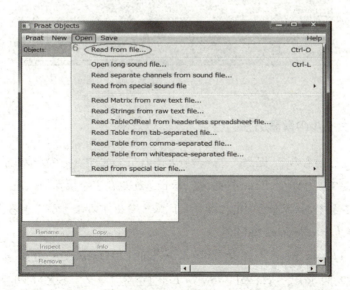

図4　取込画面

の上部メニューから図4の6【Open → Read from file...】を選んで、再生したい音声を選択して、開きます。そうすると、オブジェクトウィンドウにファイル名が表示されます。そのファイルを選択し、図5のように7の【Play】をクリックすると、音声が再生されます。

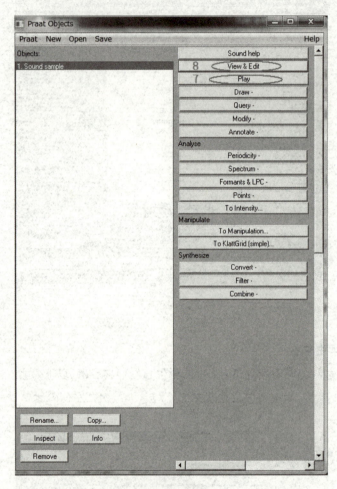

図5　再生画面

三、音声ファイルの解読方法

　発音は目に見えないもので、捉えにくい分野とされています。そのため、学習者にも教師にも敬遠されがちです。しかし、Praatを使って、録音された音声を視覚的に提示することができます。そうすることで、発音を客観的に観察・比較・分析することができるようになります。ここでは、その解読方法を簡単に紹介します。

　まず、図4のように、録音された音声ファイルをPraatに取り込んでください。図5の画面が表示されます。次に、図5のように8の【View & Edit】をクリックすると、図6の音響解析画面が現れます。この画面上(図6)で、上段部分9は音声波形で、音圧の時間的変化を表します。下段

には、10のスペクトログラム（Spectrogram）、11のインテンシティー（Intensity）曲線、12のピッチ（Pitch）曲線、13の時間軸を見ることができます。これらの情報が表示されていない場合、このウィンドウのメニューから、例えば【 Pitch → Show pitch 】のようにそれぞれ選択すれば、表示されるようになります。

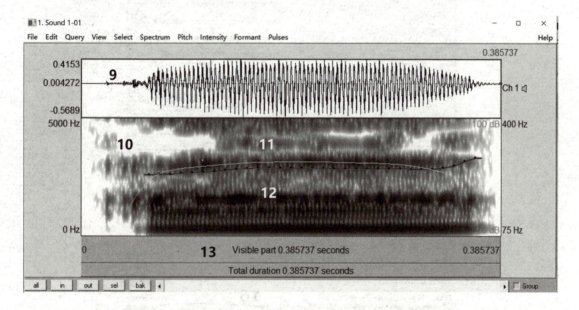

図6　音響解析画面

そして、スペクトログラム直下のバー（13）をクリックすると、音声を再生することができます。また、画面上段または下段にマウスのポインターを置き、左クリックしながらドラッグすると、音声の範囲指定ができます。さらに、調べたい音声部分だけを拡大表示するには、左下の4つのボタンを利用し、ズーム範囲（画面の拡大・縮小）が調整できます。（【 all 】：全体表示、【 in 】：ズームイン、【 out 】：ズームアウト、【 sel 】：選択区間表示）

四、音声データのアノテーション

多くの場合は音響分析図を見るだけでは、何が発音されているかはわかりません。発音の内容を文字で明確に記す必要があります。次は音声データのアノテーションについて見てみましょう。まずアノテーションしたい音声ファイルを選択して、次は図7のように14の【 Annotate → To TextGrid... 】をクリックします。

それから、【sound：To TextGrid】のウィンドウが現れます。必要なティア名を入力して【 OK 】をクリックすると、図8のような画面が現れます。図8のように15のSoundファイルとTextGridファイルを一緒に選択し、16の【 View & Edit 】をクリックします。そうすると、図9のような画面が現れます。

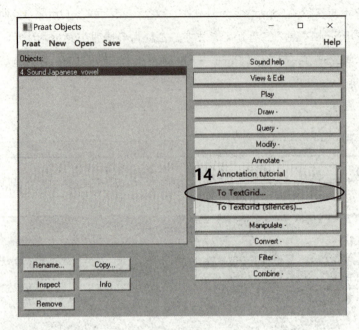

图 7　TextGridファイルを作る

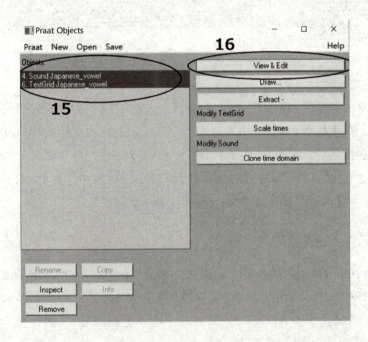

図 8　アノテーションの開始

　図 9のように17の部分において音声に合わせて文字を入力します。これでアノテーションが完成します。図 9の右側には国際音声記号(IPA)一覧があるのですが、音声記号を入力するときに使います。

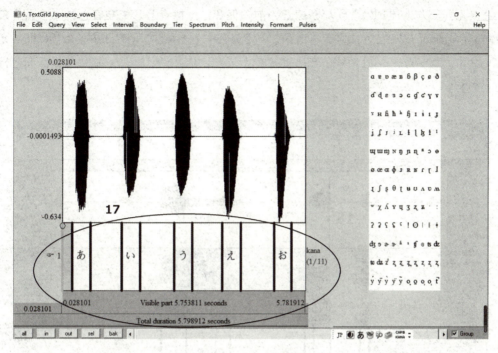

図9　アノテーションの完成

五、Praatを使った発音学習

　ここでは、Praatを使った発音学習の応用例を紹介します。まず、タスク1では促音の時間を計測します。また、タスク2ではアクセントのピッチ曲線を描き出し、比較します。

1. タスク1——促音の時間を計測しよう

　第2章で紹介した日本語の促音「っ」ですが、「っ」の部分は無音区間であると言われています。本当に音が出ていないのか、実際にPraatを使って音声波形を見てみましょう。それから、「っ」の部分は1拍の長さであるというのですが、どれぐらいの時間だろうか測ることもできます。最後に、もし促音「っ」にあたる部分が削除されたら、どう聞こえるか実験してみましょう。

1)「っ」の部分に音を発するのか？

　まず、Praatを使って「いっぱい」と「いっしょう」の発音を録音します。次に、解析画面（図10）を出します。左側は「いっぱい」で、右側は「いっしょう」の解析画面です。図10の18と18'はどれも促音「っ」にあたる部分ですが、「いっぱい」の促音部分(18)には音声波形がなく、「いっしょう」の促音部分(18')には音声波形が見えます。つまり、「いっぱい」の促音部分には音が出ていないが、「いっしょう」の促音部分には音が出ていることになります。このことは、第2章第2節ですでに紹介しましたが、[p][t][k][ts][tɕ]のような破裂音・破擦音の前の促音には音が出

ていません。一方、[s][ɕ]のような摩擦音の前の促音は摩擦音として発音されます。そのため、摩擦音の前の「っ」のときにも音を出さないで発音すると、とても不自然な発音に聞こえてしまいます。だから、「っ」は後続子音によっては声を出すこともあり、一概に無音区間とは言えないのです。

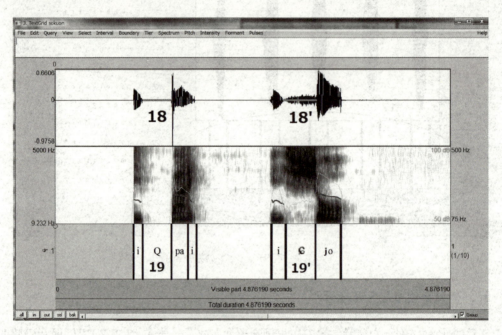

図10　「いっぱい」と「いっしょう」の音響解析画面

2)「っ」部分の時間はどれぐらいなのか?

画面上段18の促音開始時にマウスのポインターを置き、終止時まで左クリックしながらドラッグすると、促音の範囲指定ができます。範囲指定をすると、音声波形の真上に指定された範囲の時間数が表示されます(図11)。その場合、時間単位はmsになります。図10の「いっぱい」と「いっしょう」の場合は、測定すれば分かるように促音は必ずしも1拍分の時間ではなく、相対的な時間の長さを示しただけです。

3)「っ」部分を添削したら、どう聞こえるか?

Praatを使って、無音区間の「っ」を添削する実験ができます。そうすることで、無音区間「っ」の時間長をより実感することができます。図11のように「っ」部分を指定し、20の【 Edit → Cut 】をクリックして削除します。削除前後の音声を聞き比べてみましょう。「っ」部分を添加する場合は、【 Edit → Undo Cut 】をクリックすれば、元の「っ」が再び現れます。添削前後の音声を何回か比べて、「っ」の時間長を実感してみてください。

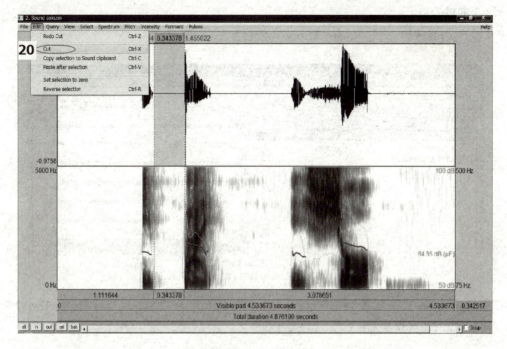

図11　促音「っ」の削除

　以上の1)、2)と3)のように、普段勉強した促音を含む単語で分析してみましょう。「っ」部分の音の有無、「っ」部分の時間長を実感・観察しましょう。その場合、日本語母語話者と自分の発音を比較するのもいいでしょう。しかし、人それぞれ話すスピードが異なるので、「っ」部分の時間長を図って比較するだけでは意味がありません。「っ」が発話全体時間長に占める割合を対象に比較するように心がけてください。

2. タスク2——アクセントを比較しよう

　アクセントを学習する際に、「どこまで高くすればいいのか」「どこで下がるのか」「どのぐらい下がればいいのか」などの質問をよく聞きます。確かに、アクセントは目に見えないので、「どこまで」「どこで」という高さの変化をとらえにくいのです。そこで、Praatを使って、アクセントを視覚的に提示することで、高さとその変化を客観的に観察し、理解することができます。ここでは、学習者と日本語母語話者の単語アクセントのピッチ曲線を比較することで、視覚的にアクセントを学習するという方法を提案します。

　このタスクでは、学習者S1、学習者S2と日本語母語話者NSの3名に協力してもらいました。発話データは「わたしは」で、3名の発音を録音しました。Praatを使って、発話のピッチ曲線を観察し、発音の違いを考えたいと思います。操作の手順はピッチ曲線の抽出、ピッチ曲線の比較の2つに分かれています。

1) ピッチ曲線の抽出

まず、三つの音声データをPraatに取り込んでおきます(図12)。

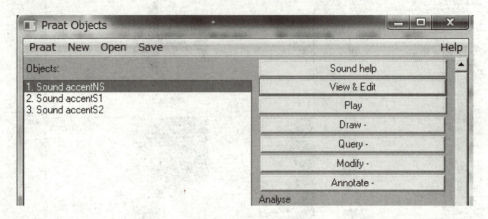

図12　アクセントの音声データの取込画面

次に、図12のように【1. Sound accentNS】を選択(青くハイライト)し、右側のメニューから【View & Edit】をクリックすると、次のようなウィンドウ(図13)が現れます。

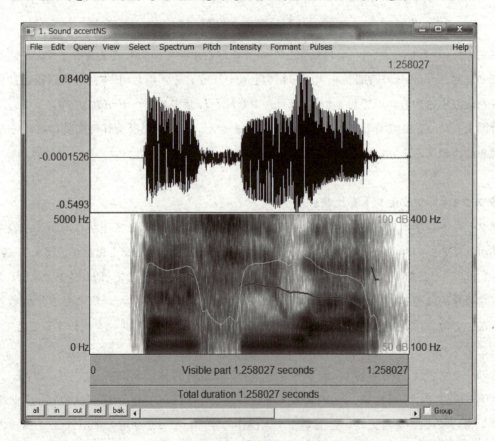

図13　アクセントの音声データの解析画面

そして、図13の上にメニュー欄があって、メニューの【 Pitch → Pitch settings 】をクリックし、Pitch range(Hz)の設定を100—400 に変更して閉じます。次に、メニューの【 Pitch → Extract visible pitch contour 】をクリックすると、オブジェクトウィンドウ【 Pitch untitled 】が現れます。下の【 Rename 】をクリックして、ファイル名を【 Pitch accentNS 】に変更すると、分かりやすくなります。同様にして、【 Pitch accentS1 】と【 Pitch accentS2 】も作成しておきます。

2) ピッチ曲線の比較

　最後に三つのピッチ曲線をピクチャーウィンドウに描き出し、比較しましょう。まず、ピクチャーウィンドウを見てください（図1右側）。ウィンドウにはピンク色の枠があり、その大きさは自由に変更できるようになっています。ほぼすべての解析画面をこのウィンドウに描き出すことができます。さらに、描き出された図表を保存し、Wordファイルなどに張り付けることもできます。

　では、今回のタスクのピッチ曲線を描き出してみましょう。いくつかの曲線を同じ画面に映す場合は、曲線の色または形を異にする必要があります。図14のようにメニューの【 Pen 】で曲線の図式を先に決めておきましょう。たとえば、形をSolid lineにして、Line widthを3にして、色をBlackにします。

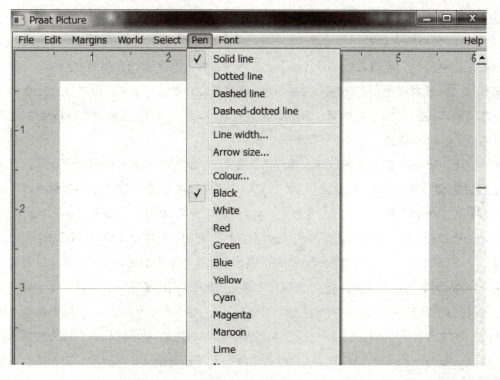

図14　曲線の選択

次にオブジェクトウィンドウに戻って、メニューの【 Pitch accentNS 】を選択し、右側の【 Draw... → Draw... 】をクリックし、OKを押すと、図15のように、ピッチ曲線がピクチャーウィンドウに描かれます。

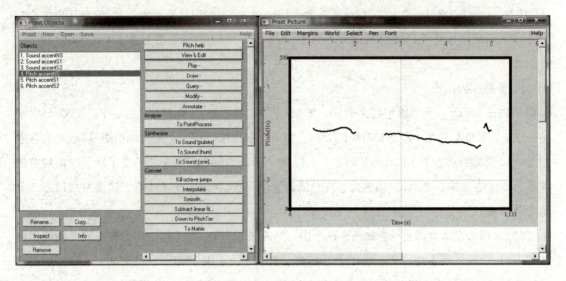

図15　ピッチ曲線の描画

　次に同じ手順で、線の色や形をそれぞれ先に指定しておいて、【 Pitch accentS1 】(Dotted line、Red)と【 Pitch accentS2 】(Dashed line、Green)のピッチ曲線を描き出しましょう(図16)。そして、描かれた図を保存したい場合、ピクチャーウィンドウのメニューから【 File → Write to Windows metafile... 】を選択し、ファイル名と保存する場所を指定すればいいです。

　最後に、ピッチ曲線をよく観察し、発音の違いを考えたいと思います。ただし、ピッチ曲線を分析する前に、図13のような画面を開いて、音声を繰り返して聴取し、曲線を合わせて、どこが高くなっているか、確認しておく必要があります。

　図16のピッチ曲線では、実線は日本語母語話者NSの音声で、点線と破線はそれぞれ学習者S1と学習者S2の音声です。線が盛り上がっている個所は声も高く、凹んでいる個所は声も低いと理解してかまいません。では、音声データを聞きながら、比較してみましょう。まず、実線NSのピッチ曲線は平らなカーブを描き、「わたしは」の語末「は」で少々立ち上げたように見えます。一方、学習者のピッチ曲線から、語中に顕著な上昇と下降が見られています。点線の学習者S1の場合は「わたしは」の「た」で急激に上昇し、語末に向けて下降していくように見受けられます。破線の学習者S2の場合は「わたしは」の「し」で大きく立ち上げた後、急激な下降を見せています。本来であれば、「わたし」という単語は平板型で、助詞「は」をつけても平らに発音します。そのため、S1とS2の発音における急激な上昇と下降は日本語としてとても不自然に聞こえてしまいます。NSの発音に近づけるためには、急激な上昇と下降をせず、平らに発音

付録1　音声分析ソフトPraatの使用方法　　127

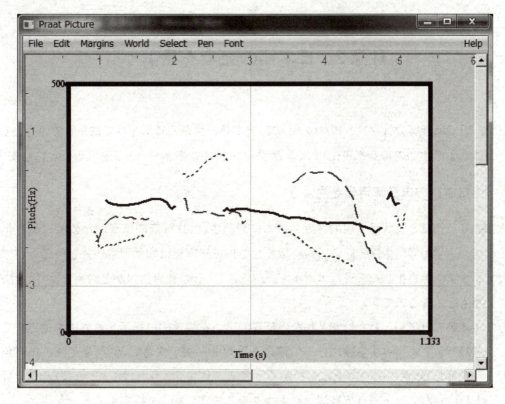

図16　ピッチ曲線の比較

するといいでしょう。

　【付録1】では、音声分析ソフトPraatの起動、音声の録音・保存・再生、音声ファイルの解読方法、音声データのアノテーション、Praatを使った発音学習について解説しました。他にもイントネーションなど韻律要素の観察・分析に効果的です。ただ、Praatを使いこなすには少し時間がかかるかもしれません。実際には正確に音声を分析するために、音響音声学に関する充分な予備知識が必要になってきます。しかし、以上のような音声分析を通して、発音をより身近に感じ、客観的に捉えることができるようになります。結果的には意識化が促され、発音の上達につながることを信じています。

　みなさんもぜひ実践してみてください。

付録2　日本語の発音を見よう

【付録2】では音響分析ソフトPraatを使って、日本語の発音の特徴を目で観察していきましょう。ここでは、日本語の母音無声化、リズム、アクセント、イントネーションを見ることにします。

一、日本語の母音無声化を見よう

人類の音声知覚と生成は生理的メカニズムに制約され、狭母音のほうが比較的に無声化しやすいです。学習者の中間言語の習得特徴として母音無声化は知覚習得が難しいことが挙げられています。無声化した母音はエネルギーが低下し、その音声情報がとらえにくくなり、知覚の効率も悪くなるのです。

そこで本書では無声化した母音としない母音の違いを視覚的に提示する方法を提案しています。初級学習者を指導する際にはその違いを視覚的に提示することで、母音無声化現象をよりよく理解し、知覚効率の向上につながると考えられます。図1は「ひとつ」の音響分析図で、上層は音声波形で、下層は広域スペクトログラムです。図1を観察すると分かるように、「ひとつ」の「ひ」のスペクトログラム（実線枠）には母音がなく、子音だけが表示されています。「ひ」の母音「い」は無声化現象により、発音されていないことがわかりました。さらに、図1では「ひとつ」の「つ」のスペクトログラム（ダッシュ線枠）には母音も子音も表示されており、無声化現象が起きていません。本書第1章で紹介されている母音無声化の音韻知識を理解すると

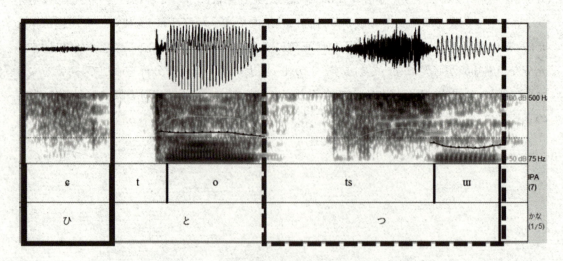

図1　「ひとつ」の母音無声化のスペクトログラム

ともに、音声の視覚的情報を確認したうえで、知覚訓練を重ねることが有効でしょう。

二、日本語のリズムを見よう

音響分析ソフトPraatを利用し、特殊拍（長音、促音、撥音）の持続時間を計測・比較し、発音意識を高め、自己モニター能力を育てましょう。

1. 日本語の長音と短音

指導においては、音響分析ソフトを利用して、長短音を含むミニマルペアの持続時間を抽出できます。学習者は音声の時間長を視覚的に観察することで、音声の視覚化学習を実現できます。図2で示されたようにA「よかん（予感）」の短母音/o/の時間長は112 ms、B「ようかん（洋館）」の長母音/oː/の時間長は245 msである。図2のAとBを比較して、持続時間における長短音の相違を直観的に理解できます。またここで注意すべきなのは、人によって発話速度が違い、異なる話者の発話持続時間を計測する際に、母音長ではなく、音節長に占める割合を量的に集計する方法が妥当でしょう。

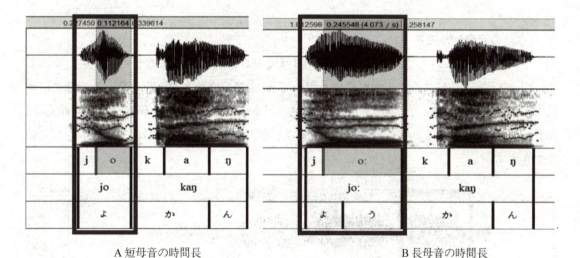

A 短母音の時間長　　　　　　　　　　　　B 長母音の時間長

図2　長短音の時間長比較（同一発話者）

2. 日本語の促音と非促音

音響分析の方法を利用して、促音の持続時間を学習者に直観的に観察させ、促音と非促音の時間長パラメーターの違いを目で確認・理解することが考えられる。図3は促音と非促音ミニマル・ペアの音響分析図である。左側は非促音「わた（綿）」、右側は促音「わった（割った）」、Qは促音の閉鎖部分を表しています。その知覚練習は聴覚情報と視覚情報の相互作用に基づき、目標言語の音声特徴への理解を向上させることができます。先行研究の成果は、大量の第

二言語の知覚と生成活動は知覚範疇体系の確立、発音モニター力の育成と促進に役に立つことを示唆しています。

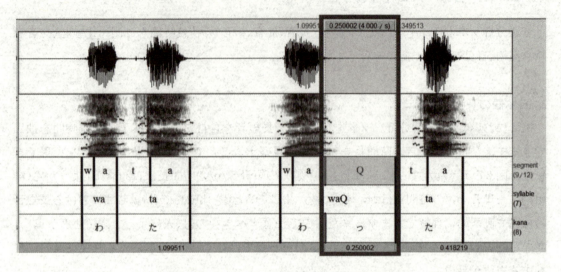

図3　促音と非促音の持続時間の比較（同一発話者）

3. 日本語の撥音と非撥音

　日本語音声教育においては、撥音と非撥音の音韻対立を利用して指導したほうが効率的です。図4のように広域スペクトログラムを用いて、日本語の撥音と非撥音の違いを音響的に比較することも可能でしょう。図4ではA「かしん」の「か」は短母音で、B「かんしん」の「かん」は母音[a]＋鼻音です。母音のフォルマント周波数と音声時間長から両者の顕著な違いを目で確認できます。

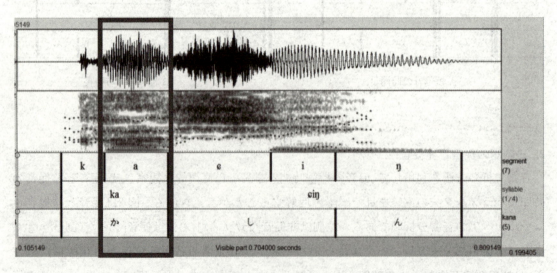

図4-A　「かしん」の音響図

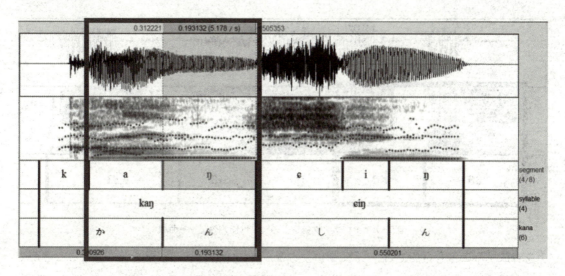

図4-B 「かんしん」の音響図

三、日本語のアクセントを見よう

アクセント指導においては日本語平板式と起伏式アクセントの音韻対立に焦点を当てることが大切です。まずアクセントの弁別と同定テストから着手するといいでしょう。例えば、「かえる(蛙)」と「か˥える(帰る)」、「きる(着る)」と「き˥る(切る)」、「服を着る」と「髪を切る」などミニマルペアを利用した知覚テストを通して、アクセントの意味弁別機能を学習者に視覚的・聴覚的に理解させることが大事です。たとえば、図5のAとBは文字表記では同じく[sake]であるが、ピッチ曲線を観察すると、両者の違いが一目瞭然です。Aは起伏式アクセントの「さ˥け(鮭)」で、ピッチ曲線は下がるようになっています。一方、Bは平板式アクセントの「さけ(酒)」で、ピッチ曲線は上がるようになっています。音響分析ソフトで単語アクセントのピッ

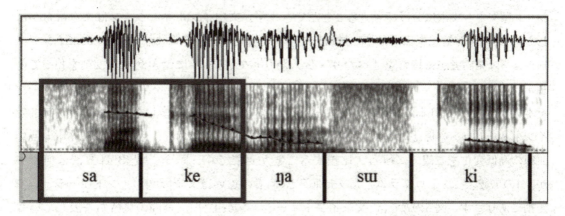

図5-A 起伏式アクセントの「さ˥け(鮭)」のピッチ曲線

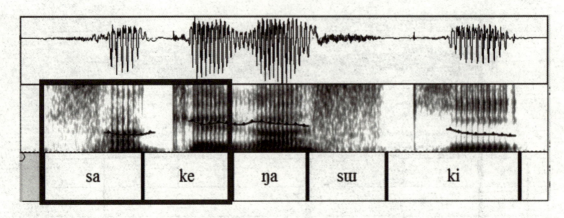

図5-B　平板式アクセントの「さけ(酒)」のピッチ曲線

チを合成することも可能で、ピッチ変動による音声の抽象的な高低感覚を育成させることができるでしょう。無論、アクセントの知覚と生成に影響する音響パラメーターは基本周波数(ピッチ)以外にも、持続時間やインテンシティなども関与していると言われています。日本語に限って言えば、各拍の相対的なピッチ高低はアクセント型を決める重要なエビデンスです。そのため、ピッチは日本語アクセントの知覚と生成における肝心なキューであることが言えます。

四、日本語のイントネーションを見よう

コミュニケーションにおいて、イントネーションは意味だけでなく、話者の気持ちや感情伝達の重要な役割も果たしています。イントネーションに関わる音響的キューというと、まずピッチが挙げられます。実はピッチだけでなく、持続時間長やインテンシティ、音色までもイントネーションの知覚および生成に密接に関わっていることが分かっています。そのほか、単語アクセントも文イントネーションと切っても切れない関係があります。日本語のイントネーションは文中と文末に分けて考えることができます。文中イントネーションは文を滑らかにしたり、発話者が情報を伝えたり・強調したりする機能を持っています。一方、文末イントネーションは発話者が気持ちを述べたり・伝えたりして、聞き手に働きかける役割を担っています。

本書第6章では、日本語の文末イントネーションについて説明しました。音響分析ソフトでイントネーションを視覚的提示することも考えられます。そうすることで、イントネーション曲線の高低変化を直観的に観察・比較することが可能です。図6のAとBは「質問は何ですか。」の広域スペクトログラムとピッチ曲線で、両者の違いは文末「か」のイントネーションの変動にあります。図6のAでは、文末イントネーションが上昇し、疑問の気持ちを表しています。一方Bでは、文末イントネーションが下降し、不満の気持ちを表しています。そのほか、基

本周波数などの音響パラメーターを操作することで、様々なイントネーションパターンの合成音声刺激を作成して、知覚と生成の練習を行なうことも考えられます。

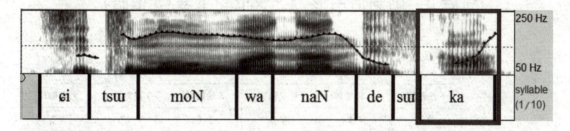

図6-A 「質問は何ですか。」の文末上昇イントネーション

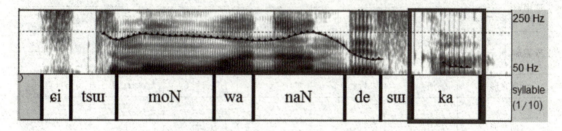

図6-B 「質問は何ですか。」の文末下降イントネーション

【付録2】では、日本語の発音を聞きながら、目で観察・比較してみました。具体的には日本語の母音無声化、リズム（長音と短音、促音と非促音、撥音と非撥音）、日本語のアクセント、日本語のイントネーションの視覚情報をもとに、日本語の音声特徴をよりよく理解することができました。ぜひ本書の該当章節と照らし合わせて利用してください。

付録3　動詞活用形のアクセント表(3拍語)

		0型動詞			−2型動詞		
		5段動詞	1段動詞	サ変動詞	5段動詞	1段動詞	カ変動詞
		磨く	開ける	する	歩く	食べる	来る
終止形		みがく	あける	する	あるﾞく	たべﾞる	くﾞる
連用形	ます	みがきまﾞす	あけまﾞす	しまﾞす	あるきまﾞす	たべまﾞす	きまﾞす
	て/た	みがいて/た	あけて/た	して/た	あるﾞいて/た	たﾞべて/た	きﾞて/た
未然形	ない	みがかない	あけない	しない	あるかﾞない	たべﾞない	こﾞない
	(よ)う	みがこﾞう	あけよﾞう	しよﾞう	あるこﾞう	たべよﾞう	こよﾞう
仮定形		みがけﾞば	あけれﾞば	すれﾞば	あるﾞけば	たべれﾞば	くﾞれば
命令形		みがけﾞ	あけろﾞ/あけよﾞ	しろﾞ/せよ	あるﾞけ	たべﾞろ/たﾞべよ/たべﾞよ	こﾞい
可能形		みがける	あけられる	———	あるけﾞる	たべられﾞる	こられﾞる
使役形		みがかせる	あけさせる	させる	あるかせﾞる	たべさせﾞる	こさせﾞる
受身形		みがかれる	あけられる	される	あるかれﾞる	たべられﾞる	こられﾞる

付録4 数詞 1〜100のアクセント表

1	2	3	4	5	6	7	8	9	10
いち 1	に 2	さん 3	よ[¬]ん 4	ご 5	ろく 6	な[¬]な しち 7	はち 8	きゅ[¬]う く 9	じゅう 10
じゅういち 11	じゅうに 12	じゅうさん 13	じゅうよ[¬]ん じゅう[¬]し 14	じゅう[¬]ご 15	じゅう[¬]ろく 16	じゅう[¬]なな じゅう[¬]しち 17	じゅう[¬]はち 18	じゅう[¬]きゅう じゅう[¬]く 19	に[¬]じゅう 20
にじゅういち 21	にじゅうに 22	にじゅうさん 23	にじゅうよ[¬]ん にじゅう[¬]し 24	にじゅう[¬]ご 25	にじゅう[¬]ろく 26	にじゅう[¬]なな にじゅう[¬]しち 27	にじゅう[¬]はち 28	にじゅう[¬]きゅう にじゅう[¬]く 29	さ[¬]んじゅう 30
さんじゅういち 31	さんじゅうに 32	さんじゅうさん 33	さんじゅうよ[¬]ん さんじゅう[¬]し 34	さんじゅう[¬]ご 35	さんじゅう[¬]ろく 36	さんじゅう[¬]なな さんじゅう[¬]しち 37	さんじゅう[¬]はち 38	さんじゅう[¬]きゅう さんじゅう[¬]く 39	よ[¬]んじゅう 40
よんじゅういち 41	よんじゅうに 42	よんじゅうさん 43	よんじゅうよ[¬]ん よんじゅう[¬]し 44	よんじゅう[¬]ご 45	よんじゅう[¬]ろく 46	よんじゅう[¬]なな よんじゅう[¬]しち 47	よんじゅう[¬]はち 48	よんじゅう[¬]きゅう よんじゅう[¬]く 49	ご[¬]じゅう 50
ごじゅういち 51	ごじゅうに 52	ごじゅうさん 53	ごじゅうよ[¬]ん ごじゅう[¬]し 54	ごじゅう[¬]ご 55	ごじゅう[¬]ろく 56	ごじゅう[¬]なな ごじゅう[¬]しち 57	ごじゅう[¬]はち 58	ごじゅう[¬]きゅう ごじゅう[¬]く 59	ろ[¬]くじゅう 60
ろくじゅういち 61	ろくじゅうに 62	ろくじゅうさん 63	ろくじゅうよ[¬]ん ろくじゅう[¬]し 64	ろくじゅう[¬]ご 65	ろくじゅう[¬]ろく 66	ろくじゅう[¬]なな ろくじゅう[¬]しち 67	ろくじゅう[¬]はち 68	ろくじゅう[¬]きゅう ろくじゅう[¬]く 69	な[¬]なじゅう 70
ななじゅういち 71	ななじゅうに 72	ななじゅうさん 73	ななじゅうよ[¬]ん ななじゅう[¬]し 74	ななじゅう[¬]ご 75	ななじゅう[¬]ろく 76	ななじゅう[¬]なな ななじゅう[¬]しち 77	ななじゅう[¬]はち 78	ななじゅう[¬]きゅう ななじゅう[¬]く 79	は[¬]ちじゅう 80
はちじゅういち 81	はちじゅうに 82	はちじゅうさん 83	はちじゅうよ[¬]ん はちじゅう[¬]し 84	はちじゅう[¬]ご 85	はちじゅう[¬]ろく 86	はちじゅう[¬]なな はちじゅう[¬]しち 87	はちじゅう[¬]はち 88	はちじゅう[¬]きゅう はちじゅう[¬]く 89	きゅ[¬]うじゅう 90
きゅうじゅういち 91	きゅうじゅうに 92	きゅうじゅうさん 93	きゅうじゅうよ[¬]ん きゅうじゅう[¬]し 94	きゅうじゅう[¬]ご 95	きゅうじゅう[¬]ろく 96	きゅうじゅう[¬]なな きゅうじゅう[¬]しち 97	きゅうじゅう[¬]はち 98	きゅうじゅう[¬]きゅう きゅうじゅう[¬]く 99	ひゃく 100

付録 5　助数詞のアクセント表

助数詞	1	2	3	4	5	6	7	8	9	10	11/20	12/30
曜日	げつようび 月曜日	かようび 火曜日	すいようび 水曜日	もくようび 木曜日	きんようび 金曜日	どようび 土曜日	にちようび 日曜日					
つ	ひとつ 一つ	ふたつ 二つ	みっつ 三つ	よっつ 四つ	いつつ 五つ	むっつ 六つ	ななつ 七つ	やっつ 八つ	ここのつ 九つ	とお 十		
月	いちがつ 一月	にがつ 二月	さんがつ 三月	しがつ 四月	ごがつ 五月	ろくがつ 六月	しちがつ 七月	はちがつ 八月	くがつ 九月	じゅうがつ 十月	じゅういちがつ 十一月	じゅうにがつ 十二月
時	いちじ 一時	にじ 二時	さんじ 三時	よじ 四時	ごじ 五時	ろくじ 六時	しちじ 七時	はちじ 八時	くじ 九時	じゅうじ 十時	じゅういちじ 十一時	じゅうにじ 十二時
分	いっぷん 一分	にふん 二分	さんぷん 三分	よんぷん 四分	ごふん 五分	ろっぷん 六分	ななふん 七分	はちふん／はっぷん 八分	きゅうふん 九分	じゅっぷん 十分	にじゅっぷん 二十分	さんじゅっぷん 三十分
秒	いちびょう 一秒	にびょう 二秒	さんびょう 三秒	よんびょう 四秒	ごびょう 五秒	ろくびょう 六秒	ななびょう 七秒	はちびょう 八秒	きゅうびょう 九秒	じゅうびょう 十秒	にじゅうびょう 二十秒	さんじゅうびょう 三十秒
年	いちねん 一年	にねん 二年	さんねん 三年	よねん 四年	ごねん 五年	ろくねん 六年	しちねん／ななねん 七年	はちねん 八年	きゅうねん 九年	じゅうねん 十年	にじゅうねん 二十年	さんじゅうねん 三十年
円	いちえん 一円	にえん 二円	さんえん 三円	よえん／よんえん 四円	ごえん 五円	ろくえん 六円	ななえん 七円	はちえん 八円	きゅうえん 九円	じゅうえん 十円	にじゅうえん 二十円	さんじゅうえん 三十円
人	ひとり 一人	ふたり 二人	さんにん 三人	よにん 四人	ごにん 五人	ろくにん 六人	しちにん／ななにん 七人	はちにん 八人	きゅうにん 九人	じゅうにん 十人	にじゅうにん 二十人	さんじゅうにん 三十人
本	いっぽん 一本	にほん 二本	さんぼん 三本	よんほん 四本	ごほん 五本	ろっぽん 六本	ななほん 七本	はちほん／はっぽん 八本	きゅうほん 九本	じゅっぽん 十本	にじゅっぽん 二十本	さんじゅっぽん 三十本

付録5　助数詞のアクセント表

続表

	一	二	三	四	五	六	七	八	九	十	二十	三十
枚	いちまい 一枚	にまい 二枚	さんまい 三枚	よんまい 四枚	ごまい 五枚	ろくまい 六枚	ななまい／しちまい 七枚	はちまい 八枚	きゅうまい 九枚	じゅうまい 十枚	にじゅうまい 二十枚	さんじゅうまい 三十枚
番	いちばん 一番	にばん 二番	さんばん 三番	よんばん／よばん 四番	ごばん 五番	ろくばん 六番	ななばん 七番	はちばん 八番	きゅうばん 九番	じゅうばん 十番	にじゅうばん 二十番	さんじゅうばん 三十番
冊	いっさつ 一冊	にさつ 二冊	さんさつ 三冊	よんさつ 四冊	ごさつ 五冊	ろくさつ 六冊	ななさつ 七冊	はっさつ 八冊	きゅうさつ 九冊	じゅっさつ 十冊	にじゅっさつ 二十冊	さんじゅっさつ 三十冊
回	いっかい 一回	にかい 二回	さんかい 三回	よんかい 四回	ごかい 五回	ろっかい 六回	ななかい 七回	はちかい／はっかい 八回	きゅうかい 九回	じゅっかい 十回	にじゅっかい 二十回	さんじゅっかい 三十回
階	いっかい 一階	にかい 二階	さんがい 三階	よんかい 四階	ごかい 五階	ろっかい 六階	ななかい 七階	はちかい／はっかい 八階	きゅうかい 九階	じゅっかい 十階	にじゅっかい 二十階	さんじゅっかい 三十階
皿	ひとさら 一皿	ふたさら 二皿	さんさら 三皿	よんさら 四皿	ごさら 五皿	ろくさら 六皿	ななさら 七皿	はちさら／はっさら 八皿	きゅうさら 九皿	じゅっさら 十皿	にじゅっさら 二十皿	さんじゅっさら 三十皿
箱	ひとはこ 一箱	ふたはこ 二箱	さんばこ／さんぱこ 三箱	よんはこ 四箱	ごはこ 五箱	ろっぱこ 六箱	ななはこ 七箱	はっぱこ／はちはこ 八箱	きゅうはこ 九箱	じゅっぱこ 十箱	にじゅっぱこ 二十箱	さんじゅっぱこ 三十箱

参 考 解 答

第1章　日本語の音

第1節　日本語の母音

一、母音の「あ、い、う、え、お」

練習3【答え】

　　日本語には五つの母音が存在します。それに対して中国語には単母音が六つあります。それぞれの母音が似ていますが、違いもあります。たとえば、中国語の母音[a]は口を大きく開きますが、日本語の「あ」はそれほど大きく開きません。それから、中国語には二重母音と鼻母音がありますが、日本語とは違います。

二、母音無声化

練習3【答え】

　　し̲かく、ふ̲かい、かが̲く、むす̲こ、く̲すり

　　く̲さい、あいさ̲つ、がく̲げいかい、けいさ̲つかん。

第2節　日本語の子音

二、有声音と無声音

練習1【答え】

　(1) た̲いがく（退学）　　だ̲いがく（大学）　　た̲いかく（体格）
　(2) さんか̲（参加）　　さんが̲い（三階）　　さんか̲く（三角）
　(3) て̲んとう（転倒）　　で̲んとう（伝統）　　で̲んどう（電動）

三、拗音

練習1【答え】

- きょう（○）　きよう（　）　　・ひゃく（○）　ひやく（　）
- しよう（　）　しょう（○）　　・しゅう（○）　しゆう（　）
- りよう（　）　りょう（○）　　・ひょう（○）　ひよう（　）
- りゅう（○）　りゆう（　）　　・いちょう（○）　いちよう（　）
- みょう（○）　みよう（　）　　・びようし（　）　びょうし（○）

ゲーム1　動物の声【答え】

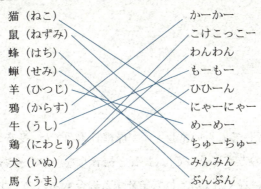

ゲーム3　謎解き【答え】

答え：唇

　このなぞなぞは、世のお父さんを悲しませるように聞こえるのだが、実はそうではありません。昔の日本語では、「は」の音が「ぱ」と発音されていたのです。もう一度謎解きを見てみると、「母」を「ぱぱ」と発音するときは、唇を2回合わせます。一方、「父(ちち)」の発音は唇を閉じません。答えは調音器官の唇です。

第2章　日本語のリズム

第1節　拍

練習1【答え】

　こんにちは（ 5 ）　　りょこう（ 3 ）　　あんない（ 4 ）
　がっこう（ 4 ）　　にほんごきょうしつ（ 8 ）
　おばさん（ 4 ）──おばあさん（ 5 ）　きた（ 2 ）──きった（ 3 ）
　さま（ 2 ）── さんま（ 3 ）

練習2【答え】

　b　c　a

第3節　撥音の「ん」

練習1【答え】

くん　せん
むん　べん　げん
こん　ふん　ほん
ぎん　おん
なん　ぽん　ちん

かん　とん　のん
らん　ぐん
がん　ぞん　ぼん

第4節　長音
練習2【答え】
　　日本人の友達に発音してもらいましょう。標準日本語では、長音の[eː][keː]のように発音します。しかし、日本の方言によっては、長音と発音しない場合もあります。それから、日本語の歌詞には、長音ではなく、「い」として発音する場合もあるのです。

ゲーム　自己流川柳を作ろう【答え】
- 半年後　　／　　かわいい彼女　　／　　ゲットする
- 十年後　　／　　立派な大人　　　／　　なれるかな
- 今年から　／　　勉強するぞ　　　／　　精一杯
- あの人に　／　　ひそかに抱く　　／　　恋心

第5節　フット
練習【答え】

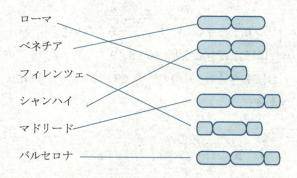

二、曜日の言い方
練習1【答え】
　　（1）火、金、日
　　（2）月、火、水
　　（3）金、土、日

三、数字の伸長
練習1【答え】

参 考 解 答

(1) 047 – 399 – 5878
(2) 042 – 3325 – 5252
(3) 0086 – 21 – 5566 – 4952

第 4 章　日本語のアクセント

第 1 節　アクセントの基本概念
三、日本語アクセントの種類
練習 1【答え】
　C　D

五、日本語アクセントの機能
練習 2【答え】
(1) C
(2) B
(3) A

第 2 節　いろいろな品詞のアクセント
二、日本語の形容詞アクセント
（一）形容詞のアクセント
練習【答え】
　0 型グループ：よろしい、あかるい、おいしい、やさしい
　－2 型グループ：かわいい、いそがしい、きびしい、さわがしい、さびしい、したしい、ただしい、すくない、すばらしい、めずらしい

三、日本語の動詞アクセント
（二）動詞活用形のアクセント
練習 1【答え】

	～ます	～う/よう	～て	～ない	～せる	～ば	～れる（受身形）
泣く	なきま˥す	なこ˥う	ないて	なかない	なかせる	なけ˥ば	なかれる
飲む	のみま˥す	のも˥う	の˥んで	のま˥ない	のませ˥る	の˥めば	のまれ˥る
笑う	わらいま˥す	わらお˥う	わらって	わらわない	わらわせる	わらえ˥ば	わらわれる
作る	つくりま˥す	つくろ˥う	つく˥って	つくら˥ない	つくらせ˥る	つく˥れば	つくられ˥る
働く	はたらきま˥す	はたらこ˥う	はたらいて	はたらかない	はたらかせる	はたらけ˥ば	はたらかれる
驚く	おどろきま˥す	おどろこ˥う	おどろ˥いて	おどろか˥ない	おどろかせ˥る	おどろ˥けば	おどろかれ˥る

練習3【答え】
（1）
B：中華料理を食べた。
B：高級レストランで食べた。
B：とてもおいしかったよ。
（2）
A：ロス支社に転勤することになったって。
A：来月結婚するらしいよ。
（3）
B：母がくれたの
B：母がくれたの

第5章　日本語の外来語の音声特徴

第1節　母音の挿入
練習【答え】
- アクセント
- スピーチ
- デスク
- スピード
- シート
- ロボット

第2節　促音と長音の添加
練習【答え】
- トップ
- バット
- バッグ
- キャップ
- パック
- カップ
- フード
- センター
- スクール
- ティーチャー
- リサーチ
- スーパーマン

第4節　外来語の表記
練習【答え】
- finance
- share
- change
- Twitter
- Do it yourself
- window
- warming up
- conditioner

ゲーム　アトラクションの名前を当てよう【答え】
　B A D E C

第6章　日本語のイントネーション

第3節　フォーカスとイントネーション
練習1【答え】
　(1) 昨日だれとプールで泳ぎましたか。
　(2) 昨日友達とどこで泳ぎましたか。
　(3) 昨日友達とプールで何をしましたか。

第5節　文末のイントネーション
練習1【答え】
　(1) 屋根の下に↗？　　　　ええ、屋根の下に↘。
　　　雀↗？　　　　　　　　ええ、雀↘。
　　　雀の巣↗？　　　　　　ええ、雀の巣↘。
　　　ある↗？　　　　　　　ええ、ある↘。
　(2) 行きの便↗？　　　　　いや、帰りの便↘。
　　　帰りの便↗？　　　　　ええ、帰りの便↘。
　　　明後日↗？　　　　　　ええ、明後日↘。
　　　5時↗？　　　　　　　ええ、5時↘。

練習2【答え】
　(1) 確認を求める
　(2) 疑いを表す
　(3) 応答する
　(4) 無関心
　(5) 強い意志を表す
　(6) ためらい

練習3【答え】
　(1) 否定回答
　(2) 確認・同意求め
　(3) 意外、驚き

(4) 推量
(5) 確認・同意求め
(6) 同情
(7) 丁寧な許可求め
(8) 確認・同意求め、推量
(9) 疑い、驚き

用 語 索 引

あ

アクセント　5, 46−52, 54−77, 79−83, 85−87, 90−92, 94, 95, 97, 107, 114, 121, 123, 124, 128, 131−133
アクセント核　49, 50, 54, 86, 94, 95
アクセント型の分布　60
アクセント規則　46, 63, 70, 71, 75, 77, 79
アクセントの起伏回数　58
アクセントの下がり目　49, 54, 55, 82, 94, 95
アクセントの視覚化　57
アクセントの新傾向　70
アクセントの新表記　50
アクセントの制約　51, 52, 56, 64, 82
アクセントの表記法　49, 50
頭高型　51, 55−62, 66, 74, 80
「い」の脱落　41−43
意味伝達　46
意味弁別　56, 58, 131
イントネーション　90−95, 97−101, 103, 106−108, 110, 112, 113, 127, 128, 132, 133
イントネーションの「ヤマ」　94, 95, 98
英語なまり　10
大ヤマ　93, 95
尾高型　51, 60, 66, 68
音声的要素　105
音声分析　57, 115, 127
音節　1, 5, 47, 48, 58, 83, 129
音節声調　58

か

下降調　47
カタカナ語　89
活用形のアクセント　69, 72, 73, 75, 77, 82
起伏式　50, 51, 58, 131
疑問イントネーション　91
境界表示　56
強勢アクセント　86
切れ目　29, 31, 46
口の開き　2, 3
唇　2, 3, 8−11, 26, 28
唇の形　2
原音　87
言語類型学　58
口蓋垂　8
硬口蓋　8, 9, 28
呼気　16
語調　90

さ

恣意性　47
子音　1, 5, 8, 9, 11, 14, 15, 18, 23, 24, 26, 83, 90, 122, 128
自然な発音　5, 50, 90
舌の前後位置　2, 3
七五調　31
自動詞　7
シャドーイング　97

上海方言　18
縮約形　43
小階段　93,95
上昇イントネーション　106,107,110,111,
　　113,133
自立拍　24,86
新規則　79,80
声調　47,48,58,59
声調言語　48
接近音　8,9,29
促音　5,23,24,26—28,54,65,66,83,84,86,
　　88,121—123,129,130,133
促音化　5

た

他動詞　7
単音　1
単純語　63,64
長音　23,24,29—31,36,54,65,66,80,81,
　　83,84,86,88,129,133
調音器官　8
調音点　8—10,14,28
調音法　8,9,13
長母音　29,84,129
伝統的なアクセントパターン　70
特殊拍　21,23,24,52,54,65,66,86,129

な

中高型　50,51,58,60,66,68,80
なめらかな発音　101,103
軟口蓋　8,9,28
二重母音　7,84
のどの震え　8,14—16

は

歯　8,21
拍　23,24,26,28,32—34,48,49,54,55,65,
　　66,80,82,86,107,132
歯茎　8,9,13,14,28
拍数　43,60,63,65,67,71
破擦音　8,9,13,26,28,121
弾き音　8,9,14
撥音　23,24,28,54,65,66,86,88,129,
　　130,133
撥音化　41,43
破裂音　8,9,15,16,18,19,26,28,121
半母音　2,6,29
鼻音　8,9,14,17,18,28,130
非上昇イントネーション　107,110—112
鼻濁音　1,18,19
ピッチ　48,50,51,58,59,64,91,92,108,132
ピッチ曲線　57,58,119,121,123—127,
　　131,132
ピッチの変動幅　59
ピッチ変化　58,59,92
表現意図　103
フォーカス　90,97—100
複合語　6,35,36,63—65,79
複合名詞　7,46,63,65—67,71
フット　23,33—37
文中イントネーション　92,94,95,97—
　　99,132
文末イントネーション　92,105,106,132
閉鎖音　8,9
平板型　51,60,61,62,65—68,80,86,126
母音弱化　5
母音の交替　6,7

母音の挿入　83
母音の融合　43
母音無声化　2,4,5,11,55,128,133
ポーズ　29,31,64,72,90,101−103
母語　1,10,47,48,57,90,123,126
母方言　1

ま

摩擦音　8,9,13,26,27,29,122
耳の響き　15
無音区間　26,101,121,122
無気音　16
無声　8,9,16,21
無声音　8,14−17,21
無声化　2,4,5,11,55,84,128
無声破裂音　15,16
モーラ　24

や

有気音　16
有声　8,9,16,21

有声音　8,15,17,18,21
有声破裂音　16−18
拗音　8,19,24
拗音化　41,43

ら

リズム　21,23,24,31,33,34,36,37,70,128,129,133
連母音　7,52,54,65,66,80,81,86

わ

わたり音　6

その他

0型　51,69,70,74−76,77−80
−2型　49,69,70,72,74−77,79,80
2拍フット　33,34
−3型　60,61,66,76,77,80,81,86
between syllables　58
OJAD　72,79
within syllables　58

参 考 文 献

NHK放送文化研究所(2016)『NHK日本語発音アクセント新辞典』NHK出版
小河原義朗・河野俊之(2009)『日本語教師のための音声教育を考える本』アルク
川口義一(2008)「VT(ヴェルボ・トナル)法による日本語音声指導」『日本語教育と音声』(戸田　貴子編著)くろしお出版
河野俊之(2009)「60分でわかる音声指導入門」『月刊日本語』2009年1月号
北原真冬・田嶋圭一・田中邦佳(2017)『音声学を学ぶ人のためのPraat入門』ひつじ書房
木下直子・中川千恵子(2019)『ひとりでも学べる日本語の発音』ひつじ書房
金田一春彦・秋永一枝(2014)『新明解日本語アクセント辞典』三省堂
窪薗晴夫(2006)『アクセントの法則』岩波書店
国際交流基金(2009)『音声を教える』ひつじ書房
城生佰太郎(2008)『一般音声学講義』勉誠出版
田中真一・窪薗晴夫(1999)『日本語の発音教室―理論と実践―』くろしお出版
戸田貴子(2004)『コミュニケーションのための日本語発音レッスン』スリーエーネットワーク
中川千恵子・中村則子(2010)『初級文型でできる日本語発音アクティビティ』アスク出版